문제 유형으로 필수 개념 잡는

4주 완성
중학 국어

기본

교육 R&D에 앞서가는
Key 키출판사

문제를 알면, 개념이 보인다!
낯설고 어려운 중학 국어,
문제 유형으로 필수 개념을 잡는다!

중학 국어 필수 개념을
문제 유형으로 정리하여
개념 학습에서 **내신 대비**까지 완벽하게!

중학 국어, 어떻게 준비할까요?

중학교에 진학하면 국어를 어려워하는 아이들이 많습니다.
초등 국어는 글을 읽고 어떤 내용인지 이해하면 어려움이 없지만
중학 국어는 내용이 깊어지고 낯선 개념 용어가 등장하기 때문입니다.

문제를 들여다보면
국어 개념의 핵심이 보입니다!

시험으로 마주하는 중학 국어부터는 **실전**처럼 준비해야 합니다.
문학, 읽기, 문법 등 영역별 필수 개념을 중심으로
무엇이 문제로 나오는지 **유형**을 파악하고 접근해야 합니다.

〈문제 유형으로 필수 개념 잡는 4주 완성 중학 국어〉는
중학 국어에서 다루는 필수 개념을 문제 유형으로 정리하여
효과적으로 학습하도록 이끌어 주는 중학 국어 실전 대비 교재입니다.

처음 만나는 중학 국어!
이 **책**으로 공부하면 **좋은 점**

하나

문학, 읽기, 문법을 36개의 문제 유형으로 만나다!

문학	✚	읽기	✚	문법

↓

36개의 문제 유형

중학 국어에서 중요한 비중으로 다루고 있는 문학, 읽기, 문법 영역의 문제를
36개의 대표 유형으로 정리하여 기초 개념 문제부터 실전 문제까지 대비할 수 있습니다.

둘

유형 분석 ▸ 개념 학습 ▸ 실전 적용의 3단계 학습 모형

1단계		2단계		3단계
문제 유형 분석하기	→	필수 개념 학습하기	→	문제에 적용하기

문제 유형을 분석하고 필수 개념을 학습한 후 문제에 직접 적용해 보는
단계적인 학습 모형으로 구성하였습니다.

셋

그림과 도식으로 먼저 만나는 국어 개념

낯설고 어려운 개념 용어를
그림과 도식으로 한눈에 파악할 수 있습니다.

구성과 특징

학습 전 몸 풀기

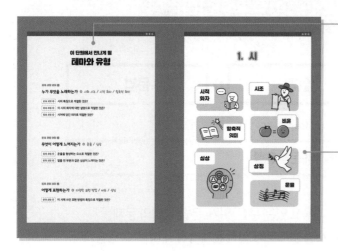

▶ **테마와 유형으로 한눈에 단원 살피기**

각 단원을 테마와 유형으로 엮어
한눈에 알아볼 수 있도록 정리하였습니다.

▶ **그림과 도식으로 필수 개념 미리보기**

그림과 도식을 활용하여 단원마다
반드시 알아야 하는 필수 개념 어휘를
효과적으로 파악할 수 있도록 구성하였습니다.

분석 ◐ 학습 ◐ 적용의 3단계 학습 모형

▶ **1단계 문제 유형 분석하기**

개념을 학습하기 전에 그 단원에서
출제되는 문제 유형을 키워드로 분석합니다.

▶ **2단계 한눈에 쏙 개념 학습**

분석한 키워드를 바탕으로 필수 개념을 학습합니다.
학습 내용은 1회 학습에 적절한 분량으로
나누어 구성하였습니다.

▶ **3단계 개념 체크 / 유형 체크**

학습한 개념을 문제 유형에 직접 적용하여
풀어 봅니다.

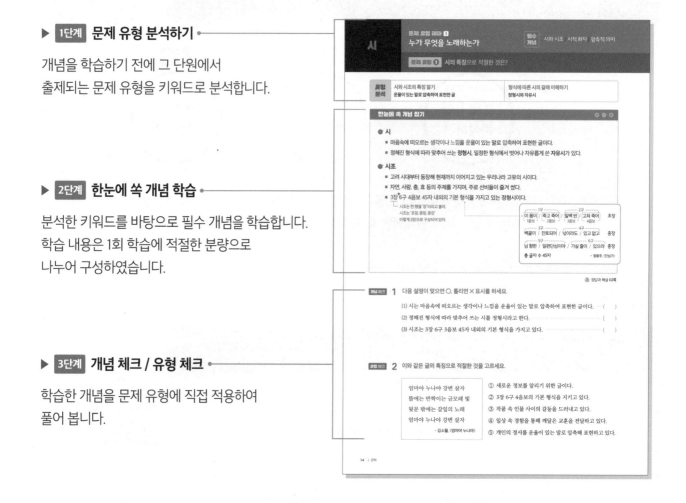

문제 풀이 감각 기르기

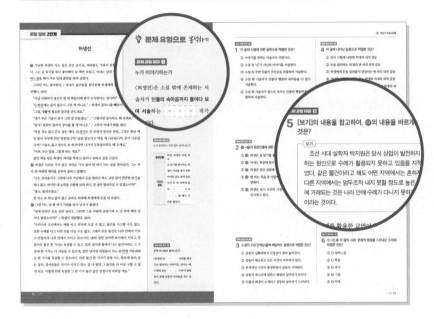

▶ **유형 정복** `1단계` / `2단계`

학습한 테마와 유형을 바탕으로
실제 작품을 분석해 보고,
변형·응용된 문제를 풀어 보며
문제 풀이의 감각을 기릅니다.

중학 내신 실전 대비하기

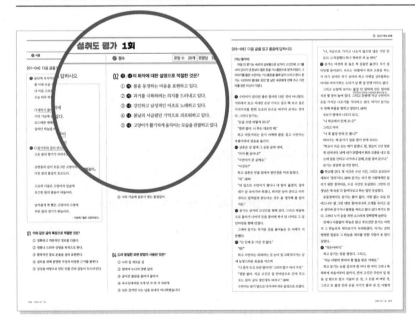

▶ **성취도평가**

각 20문항으로 구성된
2회의 성취도 평가를 풀어 보며,
중학 국어의 필수 개념을 총정리하고
실전 중학 내신을 대비합니다.

이 책의 차례

I 문학

1 시

2 소설

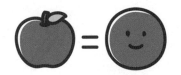

8 품사의 종류와 특성

9 어휘의 체계와 양상

성취도 평가

일러두기   본문에 나오는 어휘의 뜻과 예문은 국립국어원 〈표준국어대사전〉, 〈한국어 기초사전〉을 참조했습니다.

문제 유형으로 필수 개념 잡는 중학 국어
4주 안에 완성하는 공부 Tip!

하나
하루 30분씩, 일주일 3번 이상 공부하기!

중학 국어는 내용이 복잡하고 방대해서 띄엄띄엄 공부하면 앞서 배운 내용을 금방 잊어버릴 수 있어요! 하루에 많은 양을 한꺼번에 공부하기보다는 **조금씩**이라도 **자주 학습**해서 배운 내용을 머릿속에 잘 저장해 두는 것이 더 효과적이랍니다.

둘
급하게 문제부터 NO! 천천히 개념부터 YES!

공부를 할 때 개념 설명을 읽지 않고 무작정 문제부터 푸는 친구들이 있어요. 개념을 제대로 이해하지 못하고 문제를 풀다 보면 머릿속에 개념이 엉성하게 쌓여 조금만 어려운 문제를 만나도 크게 당황할 수 있어요. **필수 개념을 꼼꼼하게 학습**하고 난 다음 문제에 도전하세요!

셋
학습한 개념의 이해도를 점검하며 문제 풀기!

학습을 마치고 난 후 **이해도를 점검**해 보세요! 어떤 개념이 헷갈렸는지 **점검하고 복습**하면 같은 문제를 두 번 틀리는 실수도 막을 수 있고, 심화 학습에도 도움이 된답니다.

학습 이해도, 이렇게 기록해 보세요!

○ 배운 개념을 잘 이해해서 문제를 풀 때도 어려움이 없었고, 푼 문제도 다 맞혔다면?

△ 개념은 잘 이해했지만 몇 개 문제에서 실수를 했거나, 문제는 다 맞혔지만 아직 헷갈린다면?

✕ 개념이 머릿속에 잘 들어오지 않아서 틀린 문제가 많고, 맞은 문제도 알고 맞혔는지 잘 모르겠다면?

학습 이해도 점검표

1주차	문제 유형 ❶	문제 유형 ❷	문제 유형 ❸	문제 유형 ❹	문제 유형 ❺
학습 내용	시/시조	시적 화자	시어/함축적 의미	운율	심상
학습 체크	○ / △ / ✕	○ / △ / ✕	○ / △ / ✕	○ / △ / ✕	○ / △ / ✕

	문제 유형 ❻	시 유형 정복	문제 유형 ❼	문제 유형 ❽	문제 유형 ❾
학습 내용	표현 방법/비유/상징		소설/고전 소설	서술자와 시점	등장인물
학습 체크	○ / △ / ✕	○ / △ / ✕	○ / △ / ✕	○ / △ / ✕	○ / △ / ✕

2주차	문제 유형 ❿	문제 유형 ⓫	소설 유형 정복	문제 유형 ⓬	문제 유형 ⓭
학습 내용	사건과 갈등	소설의 배경		극	희곡/시나리오
학습 체크	○ / △ / ✕	○ / △ / ✕	○ / △ / ✕	○ / △ / ✕	○ / △ / ✕

	문제 유형 ⓮	문제 유형 ⓯	극·수필 유형 정복	문제 유형 ⓰⓱⓲	문제 유형 ⓳⓴
학습 내용	수필	문학과 삶의 성찰		예측하며 읽기	요약하며 읽기
학습 체크	○ / △ / ✕	○ / △ / ✕	○ / △ / ✕	○ / △ / ✕	○ / △ / ✕

3주차	예측·요약하며 읽기 유형 정복	문제 유형 ㉑	문제 유형 ㉒㉓	설명하는 글 읽기 유형 정복	문제 유형 ㉔
학습 내용		설명문의 구조	설명 방법		논설문의 구조
학습 체크	○ / △ / ✕	○ / △ / ✕	○ / △ / ✕	○ / △ / ✕	○ / △ / ✕

	문제 유형 ㉕㉖	주장하는 글 읽기 유형 정복	문제 유형 ㉗㉘㉙	언어의 본질 유형 정복	문제 유형 ㉚
학습 내용	주장과 근거 찾기 근거의 타당성		언어의 개념과 본질		품사의 분류와 기준
학습 체크	○ / △ / ✕	○ / △ / ✕	○ / △ / ✕	○ / △ / ✕	○ / △ / ✕

4주차	문제 유형 ㉛	문제 유형 ㉜	문제 유형 ㉝	문제 유형 ㉞	품사 유형 정복
학습 내용	체언 명사/대명사/수사	용언 동사/형용사	수식언 관형사/부사	관계언·독립언 조사/감탄사	
학습 체크	○ / △ / ✕	○ / △ / ✕	○ / △ / ✕	○ / △ / ✕	○ / △ / ✕

	문제 유형 ㉟	문제 유형 ㊱	어휘의 체계와 양상 유형 정복	성취도 평가 1회	성취도 평가 2회
학습 내용	어휘의 체계 고유어/한자어/외래어	어휘의 양상 표준어/사회·지역 방언			
학습 체크	○ / △ / ✕	○ / △ / ✕	○ / △ / ✕	○ / △ / ✕	○ / △ / ✕

이 단원에서 만나게 될
테마와 유형

1. 시

시적 화자

시조

 함축적 의미

비유

심상

상징

운율

문제 유형 테마 ①
누가 무엇을 노래하는가

필수 개념 시와 시조 / 시적 화자 / 함축적 의미

문제 유형 ① 시의 특징으로 적절한 것은?

유형 분석	시와 시조의 특징 알기 운율이 있는 말로 압축하여 표현한 글	형식에 따른 시의 갈래 이해하기 정형시와 자유시

한눈에 쏙 개념 잡기

🔴 시

- 마음속에 떠오르는 생각이나 느낌을 운율이 있는 말로 압축하여 표현한 글이다.
- 정해진 형식에 따라 맞추어 쓰는 **정형시**, 일정한 형식에서 벗어나 자유롭게 쓴 **자유시**가 있다.

🔴 시조

- 고려 시대부터 등장해 현재까지 이어지고 있는 우리나라 고유의 시이다.
- 자연, 사랑, 충, 효 등의 주제를 가지며, 주로 선비들이 즐겨 썼다.
- 3장★6구 4음보 45자 내외의 기본 형식을 가지고 있는 정형시이다.

  시조는 한 행을 '장'이라고 불러.
  시조는 '초장, 중장, 종장'
  이렇게 3장으로 구성되어 있어.

1구		2구		
이 몸이 1음보	죽고 죽어 2음보	일백 번 3음보	고쳐 죽어 4음보	초장
3구		4구		
백골이	진토되어	넋이라도	있고 없고	중장
5구		6구		
님 향한	일편단심이야	가실 줄이	있으랴	종장

  총 글자 수 45자 — 정몽주, 〈단심가〉

> 정답과 해설 **02쪽**

개념 체크 **1** 다음 설명이 맞으면 ○, 틀리면 ✕ 표시를 하세요.

(1) 시는 마음속에 떠오르는 생각이나 느낌을 운율이 있는 말로 압축하여 표현한 글이다. ⸻ ( )

(2) 정해진 형식에 따라 맞추어 쓰는 시를 정형시라고 한다. ⸻ ( )

(3) 시조는 3장 6구 3음보 45자 내외의 기본 형식을 가지고 있다. ⸻ ( )

유형 체크 **2** 이와 같은 글의 특징으로 적절한 것을 고르세요.

> 엄마야 누나야 강변 살자
> 뜰에는 반짝이는 금모래 빛
> 뒷문 밖에는 갈잎의 노래
> 엄마야 누나야 강변 살자
>
> — 김소월, 〈엄마야 누나야〉

① 새로운 정보를 알기 쉽게 설명하고 있다.

② 3장 6구 4음보의 기본 형식을 지키고 있다.

③ 작품 속 인물 사이의 갈등을 드러내고 있다.

④ 일상 속 경험을 통해 깨달은 교훈을 전달하고 있다.

⑤ 개인의 정서를 운율이 있는 말로 압축해 표현하고 있다.

유형 분석	시적 화자 찾기 시를 노래하는 이의 어조와 분위기	화자를 통해 시인을 이해하기 시의 주제 및 삶의 태도와 가치관

한눈에 쏙 개념 잡기

🔴 **시적 화자**

- 시 안에서 시를 노래하는 이를 말한다. - - - - - - - - - - - -

- 화자의 말투를 **어조**라고 하며, 이는 시의 **분위기**를 결정한다.

- **화자**가 시 안에서 **무엇을 어떻게** 노래하는지 살펴보면
  시의 **주제**와 시인의 **삶의 태도 및 가치관**을 엿볼 수 있다. - - - - - - - -

> - - ▸ '엄마야, 누나야'라고 부르는 걸로 보아
>   시적 화자는 '소년'이다.
>
> **엄마야 누나야** 강변 살자
>
> 뜰에는 반짝이는 금모래 빛
>
> 뒷문 밖에는 갈잎의 노래
>
> **엄마야 누나야** 강변 살자
>
> - - ▸ 화자는 뜰에는 금모래가 반짝이고
>   갈잎의 노랫소리가 들리는 강변에서
>   엄마, 누나와 함께 살고 싶은 소망을
>   노래하고 있다.
>
> – 김소월, 〈엄마야 누나야〉

 정답과 해설 **02**쪽

개념 체크 **1** 다음 빈칸에 들어갈 알맞은 말을 쓰세요.

(1) 시 안에서 시를 노래하는 이를 | ㅅ | ㅈ | ‖ ㅎ | ㅈ | 라고 한다.

(2) | ㅇ | ㅈ | 는 화자의 말투이며, 시의 분위기를 결정한다.

(3) 화자가 무엇을 어떻게 노래하는지 살펴보면 시인이 전하고자 하는 | ㅈ | ㅈ | 를 파악할 수 있다.

유형 체크 **2** 이 시의 화자에 대한 설명으로 가장 적절한 것을 고르세요.

> 죽는 날까지 하늘을 우러러
> 한 점 부끄럼이 없기를
> 잎새에 이는 바람에도
> 나는 괴로워했다.
>
> – 윤동주, 〈서시〉

① 감사하며 사는 삶이 중요하다고 생각한다.

② 죽음에 대한 두려움을 안고 살아가고 있다.

③ 타인에게 폐를 끼치지 않는 삶을 살고자 한다.

④ 스스로 부끄럽지 않은 삶을 살아가고 싶어 한다.

⑤ 미래를 향해 과감히 도전하려는 의지를 드러내고 있다.

유형 분석	시어의 의미 알기 시에서 쓰이는 말	시어의 함축적 의미 찾기 시인이 시어에 부여한 특별한 의미

한눈에 쏙 개념 잡기   ⊘ ⊖ ⊗

🖋 시어의 함축적 의미

- 시에서 쓰이는 말을 시어라고 한다.

- 시인은 시어에 **특별한 의미를** 부여하는데
  이를 함축적 의미라고 하며 **시의 주제와**
  밀접한 관련이 있다. ┈┈┈
  └ '함축적'이라는 것은 말이나 글 속에 어떤 뜻을 담고 있다는 거야.
   함축적으로 쓰인 시어는 국어사전에서 찾은 뜻과 전혀 다른 의미가 아니라
   시의 주제와 관련된 의미로 확장되어 쓰여.

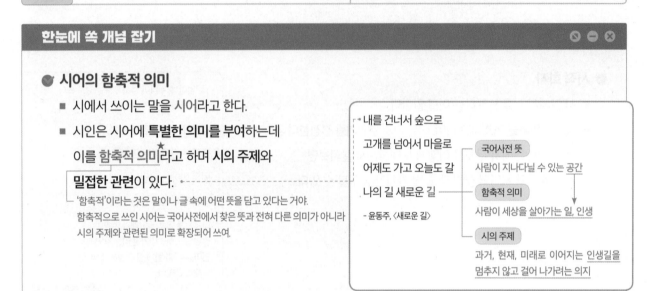

> 내를 건너서 숲으로
> 고개를 넘어서 마을로
> 어제도 가고 오늘도 갈
> 나의 길 새로운 길
>
> - 윤동주, 〈새로운 길〉

국어사전 뜻
사람이 지나다닐 수 있는 공간
↓
함축적 의미
사람이 세상을 살아가는 일, 인생

시의 주제
과거, 현재, 미래로 이어지는 인생길을
멈추지 않고 걸어 나가려는 의지

🖊 정답과 해설 **02**쪽

개념 체크 **1** 다음 빈칸에 들어갈 알맞은 말을 쓰세요.

(1) [ㅅ | ㅇ] 는 시에서 쓰이는 말이다.

(2) 시인이 시어에 부여한 특별한 의미를 [ㅎ | ㅊ | ㅈ] 의미라고 한다.

(3) 시어의 함축적 의미는 시의 주제와 [ㅁ | ㅈ | ㅎ] 관련이 있다.

유형 체크 **2** 이 시에서 '호수'에 담긴 의미로 가장 적절한 것을 고르세요.

> 얼굴 하나야
> 손바닥 둘로
> 폭 가리지만
>
> 보고픈 마음
> **호수**만 하니
> 눈 감을 밖에
>
> - 정지용, 〈호수〉

① 아름답고 깨끗한 자연 경치

② 어린아이 같은 맑고 순수한 마음

③ 무엇이든 포용하려는 너그러운 성품

④ 사랑하는 사람과 함께 했던 소중한 추억

⑤ 누군가 간절히 보고 싶은 그리움의 크기

문제 유형 ❹ 운율을 형성하는 요소로 적절한 것은?

유형 분석	시의 운율 알기 외형률과 내재율	운율을 형성하는 요소 찾기 반복되는 소리의 특성 (단어 / 구조 / 음보)

한눈에 쏙 개념 잡기

🔴 운율

- 시를 읽을 때 비슷한 소리의 특성이 반복되며 느껴지는 형식이다.

외형률★	형식이 겉으로 뚜렷하게 보이는 운율	3장 6구 45자 내외의 형식 구조를 갖는 시조는 외형률이야.
내재율	형식이 드러나지 않지만, 내용이나 말의 배치로 느껴지는 운율	

- 운율을 드러내는 방법

모양(의태어)이나 소리(의성어)를 흉내 내는 말	예 아씨처럼 내린다 / 보슬보슬 햇비 → 비가 내리는 모양 '보슬보슬'
소리 / 단어 / 구절 / 문장 구조의 반복	예 햇님이 웃는다 / 나 보고 웃는다 → '웃는다'의 반복 옥수숫대처럼 크게 / 닷 자 엿 자 자라게 → '~게'의 문장 구조 반복
글자 수 / 음보(끊어 읽기)의 반복	예 ⌐1음보⌐ ⌐2음보⌐ / ⌐1음보⌐ ⌐2음보⌐ 하늘다리 놓였다 / 알롱알롱 무지개 4글자 3글자 4글자 3글자

📝 정답과 해설 02쪽

개념체크 **1** 다음 설명이 맞으면 ○, 틀리면 ✕ 표시를 하세요.

(1) 시의 운율에는 외형률과 내재율이 있다. ·· (   )

(2) 모양이나 소리를 흉내 내는 말로 운율을 만들어 낼 수 있다. ·················· (   )

(3) 내재율은 시를 읽을 때 느껴지는 운율이 겉으로 뚜렷하게 드러난다. ·········· (   )

유형체크 **2** 이 시의 밑줄 친 부분에서 운율을 형성하는 요소로 적절한 것을 고르세요.

> 아씨처럼 내린다
> <u>보슬보슬 햇비</u>
> 맞아 주자 다 같이
> 옥수숫대처럼 크게
> 닷 자 엿 자 자라게
> 햇님이 웃는다
> 나 보고 웃는다.
>
> - 윤동주, 〈햇비〉

① 같은 문장을 반복해서 썼다.

② 소리를 흉내 내는 말을 썼다.

③ 모양을 흉내 내는 말을 썼다.

④ 비슷한 구조의 문장을 썼다.

⑤ 같은 문장 구조를 반복해서 썼다.

유형 분석	시의 심상 알기 시를 읽을 때 떠오르는 구체적인 인상	심상의 종류 구별하기 시각/미각/후각/촉각/청각/공감각

한눈에 쏙 개념 잡기   ⊘ ⊖ ⊗

💠 심상

- 시를 읽을 때 마음속에 떠오르는 **구체적이고 선명한 인상**이나 느낌을 말한다.

- **심상의 종류: 다섯 가지 감각**(시각 / 미각 / 후각 / 촉각 / 청각), **공감각**

시각적 심상 (색깔, 모양, 움직임) 👁	예 날카롭게 쭉 뻗은 고양이 수염 → 수염이 날카롭게 뻗은 모습이 **눈**에 보인다.	**미각적 심상** (맛) 👅	예 메마른 입술이 쓰디쓰다 → **혀**의 감각으로 쓰디쓴 맛이 느껴진다.
후각적 심상 (냄새, 향기) 👃	예 고운 봄의 향기가 어리우도다 → 봄의 향기가 **코**끝을 자극하는 느낌이 든다.	**촉각적 심상** (촉감, 온도) 🖐	예 꽃가루와 같이 부드러운 고양이 털 → 부드러운 털의 감촉이 **피부**에 느껴진다.
청각적 심상 (소리, 음성) 👂	예 뒷문 밖에는 갈잎의 노래 → 갈잎의 소리가 노래처럼 **귓가**에 들린다.	**공감각적 심상**★ (감각 → 감각)	예 분수처럼 흩어지는 푸른 종소리 → 종소리에서 푸른 빛깔이 보이는 것처럼 느껴진다.

└ 공감각적 심상은 **하나의 감각이 다른 영역의 감각을 불러일으키도록 표현**한 거야. 청각인 '종소리'가 분수와 같이 푸른색의 시각적 이미지로 묘사되면서 마치 종소리가 눈에 보이는 것처럼 느껴지는 거지.

🔘 정답과 해설 **02**쪽

개념 체크 **1** 다음 빈칸에 들어갈 알맞은 말을 쓰세요.

(1) 시를 읽을 때 마음속에 떠오르는 구체적이고 선명한 느낌을 [ㅅ | ㅅ]이라고 한다.

(2) '메마른 입술이 쓰디쓰다'에서는 [ㅁ | ㄱ]적 심상을 느낄 수 있다.

(3) 촉각적 심상은 [ㅍ | ㅂ]로 느껴지는 감각을 표현한 것이다.

유형 체크 **2** 이 시에서 밑줄 친 부분과 같은 심상이 느껴지는 것을 고르세요.

> 고요히 다물은 고양이의 입술에
> 포근한 봄의 졸음이 떠돌아라.
>
> <u>날카롭게 쭉 뻗은 고양이의 수염</u>에
> 푸른 봄의 생기가 뛰놀아라.
>
> — 이장희, 〈봄은 고양이로다〉

① 메마른 입술이 쓰디쓰다

② 뒷문 밖에는 갈잎의 노래

③ 뜰에는 반짝이는 금모래 빛

④ 고운 봄의 향기가 어리우도다

⑤ 꽃가루와 같이 부드러운 고양이 털

문제 유형 6 이 시에 쓰인 **표현 방법**의 특징으로 적절한 것은?

유형 분석	표현 방법 종류 알기 비유 / 상징 / 반복 / 반어 / 역설	비유와 상징 구별하기 비유(비슷한 특징) / 상징(구체적 사물)

한눈에 쏙 개념 잡기

🔵 표현 방법

1. 비유법: 표현하려는 대상(원관념)을 비슷한 특징을 가진 다른 대상(보조 관념)에 빗대어 표현하는 방법

① 표현하려는 대상(원관념)과 빗대는 대상(보조 관념)에는 **공통점**이 있다.

> 예 갈대 같은 내 마음 ➡ '갈대(보조 관념)'와 '내 마음(원관념)'의 공통점: 흔들린다

② 대상을 **참신하고 생동감 있게 표현**할 수 있다.

③ 비유법의 종류

직유법 (~처럼/같이/듯이)	연결어를 써서 직접 빗대어 표현	예 아씨처럼 내린다 / 보슬보슬 햇비
은유법 (A는 B다)	동일 관계(A = B)로 은근히 빗대어 표현	예 나는 나룻배 / 당신은 행인
의인법 (사람처럼 표현하기)	사람이 아닌 것에 인격을 부여해 표현	예 풀 아래 웃음 짓는 샘물같이

2. 상징법: 표현하려는 대상(원관념)을 감추고 **구체적인 사물(보조 관념)로 대신 나타내는 방법**

① 표현하려는 대상이 **눈에 보이지 않거나 만질 수 없는 추상적인 개념**인 경우에 쓴다.

② 표현하려는 대상(원관념)이 드러나지 않아 **여러 가지 의미를 부여**하여 작품을 깊고 풍부하게 해석할 수 있다.

③ 상징법의 종류

관습적 상징	오랜 세월 동안 의미가 굳어진 상징	예 비둘기(→ 평화)
개인적 상징	시인이 독창적으로 의미를 부여한 상징	예 나의 길 새로운 길(→ 삶, 인생)

3. 반복법: 비슷한 단어, 어구, 문장을 **반복**해서 의미를 강조하는 방법

> 예 산에는 꽃 피네 / 꽃이 피네 ➡ '꽃 피네'와 '꽃이 피네'라는 비슷한 어구를 반복하고 있다.

4. 반어법: 전하려는 바를 **반대**로 표현하여 그 의미를 더욱 두드러지게 하는 방법

> 예 죽어도 아니 눈물 흘리오리다 ➡ 무척 슬프지만 절대로 눈물을 흘리지 않겠다고 반대로 말해 슬픔을 더욱 크게 드러내고 있다.

5. 역설법: **이치에 맞지 않는 내용** 속에 진심을 담아 표현하는 방법

> 예 님은 갔지만 나는 님을 보내지 아니하였습니다.
> ➡ 님이 떠난다 할지라도 잊지 않겠다는 진심을 드러내기 위해 떠나간 님을 보내지 않았다고 표현하고 있다.

🔖 정답과 해설 02쪽

개념 체크 **1** 다음 설명하는 표현 방법이 무엇인지 [보기]에서 골라 쓰세요.

(1) 표현하려는 대상을 감추고 구체적인 사물로 대신 드러내는 표현 방법 　　　 (　　　　)

(2) 비슷한 단어를 반복해서 내용의 의미를 두드러지게 강조하는 표현 방법 　　　 (　　　　)

(3) 이치에 맞지 않는 내용을 통해 전하고자 하는 진심을 드러내는 표현 방법 　　　 (　　　　)

(4) 전하려는 뜻과는 정반대로 표현하여 그 말의 의미를 크게 강조하는 표현 방법 　 (　　　　)

(5) 표현하려는 대상과 비슷한 특징을 가진 다른 대상에 빗대어 나타내는 표현 방법 (　　　　)

> 보기
>
> 　비유법　　　　상징법　　　　반복법　　　　반어법　　　　역설법

개념 체크 **2** 다음 설명이 맞으면 ○, 틀리면 ✕ 표시를 하세요.

(1) 사람이 아닌 것에 인격을 부여해 표현하는 것을 직유법이라고 한다. ·············· (　　　)

(2) 비유법은 표현하려는 대상과 빗대어 나타내는 대상 간에 공통점이 있다. ········· (　　　)

(3) 은유법은 '~같이, 듯이, 처럼'과 같은 연결어를 써서 대상을 직접 빗대어 표현한다. ········ (　　　)

개념 체크 **3** 다음 빈칸에 들어갈 알맞은 말을 쓰세요.

(1) 상징법을 쓰면 대상에 여러 가지 [ㅇ ㅁ]를 부여할 수 있어 풍부하게 해석이 가능하다.

(2) 상징법은 주로 표현하려는 대상이 눈에 보이지 않는 [ㅊ ㅅ]적인 개념인 경우에 쓰인다.

(3) 상징에는 오랜 세월 동안 의미가 굳어진 관습적 상징과 시인이 독창적으로 만든

[ㄱ ㅇ ㅈ] 상징이 있다.

개념 체크 **4** 다음 중 제시된 문장과 표현 방법이 바르게 연결된 것을 <u>모두</u> 고르세요.

① 나의 길 새로운 길 – 직유법

② 산에는 꽃 피네 꽃이 피네 – 반어법

③ 햇님이 웃는다 나 보고 웃는다 – 의인법

④ 옥수숫대처럼 크게 닷 자 엿 자 자라게 – 상징법

⑤ 님은 갔지만 나는 님을 보내지 아니하였습니다 – 역설법

유형체크 **5** 이 시에 쓰인 표현 방법의 특징으로 적절한 것을 고르세요.

> 가자, 가자, 가자,
> 숲으로 가자.
> 달조각을 주우러
> 숲으로 가자.
>
> - 윤동주, 〈반딧불〉

① 비슷한 어구를 반복해서 의미를 강조하고 있다.

② 사람이 아닌 것에 인격을 부여해서 표현하고 있다.

③ 전하려는 바를 반대로 표현해 의미를 강조하고 있다.

④ 이치에 맞지 않는 내용으로 진심을 담아 표현하고 있다.

⑤ 연결어를 써서 표현하려는 대상에 직접 빗대어 표현하고 있다.

유형체크 **6** 다음 중 이 시의 밑줄 친 부분과 동일한 표현 방법이 쓰인 것을 고르세요.

> 돌담에 속삭이는 햇발같이
> 풀 아래 웃음 짓는 샘물같이
> 내 마음 고요히 고운 봄 길 위에
> 오늘 하루 하늘을 우러르고 싶다
>
> - 김영랑, 〈돌담에 속삭이는 햇발같이〉

① 보고픈 마음 호수만 하니

② 산에는 꽃 피네 꽃이 피네

③ 작은 것이 높이 떠서 만물을 다 비추니

④ 금방울과 같이 호동그란 고양이의 눈에

⑤ 님은 갔지만 나는 님을 보내지 아니하였습니다

유형체크 **7** 이 시에서 밑줄 친 시어의 상징적 의미로 가장 적절한 것은?

> <u>묏버들</u> 가려 꺾어 보내노라 임에게
> 자시는 창밖에 심어 두고 보소서
> 밤비에 새잎 곧 나거든 나인가도 여기소서
>
> - 홍랑, 〈묏버들 가려 꺾어〉

① 사랑하는 이와 이별하게 된 계기

② 어떤 고난에도 쓰러지지 않는 끈기

③ 사랑하는 이에게 보내는 자신의 분신

④ 자연을 벗 삼아 풍류를 즐기려는 마음

⑤ 떠나는 벗에게 희망찬 앞날을 기원하는 선물

돌담에 속삭이는 햇발같이

김영랑

돌담에 속삭이는 햇발같이

㉠풀 아래 웃음 짓는 샘물같이

내 마음 고요히 고운 봄 길 위에

오늘 하루 하늘을 우러르고 싶다.

새악시 볼에 떠오는 부끄럼같이
'새색시'의 사투리

㉡시의 가슴에 살포시 젖는 물결같이

보드레한 에메랄드 얇게 흐르는

실비단 하늘을 바라보고 싶다.
가는 실로 짠 부드러운 비단

💡 문제 유형으로 분석하기

문제 유형 테마 1

누가 무엇을 노래하는가

① 봄 하늘의 경치를 보며 느낀 생각을 형식에 얽매이지 않고 쓴 ┌ㅈㅇㅅ┐이다.

② 시적 화자는 **봄 하늘을 동경하는 마음**을 노래하고 있다.

③ 시어 '┌ㅎㄴ┐'의 함축적 의미는 시인이 동경하는 **밝고 평화로운 세상**이다.

문제 유형 테마 2

무엇이 어떻게 느껴지는가

① 운율

문장 구조 반복	~는, ~같이, ~고 싶다
3 ┌ㅇㅂ┐ (끊어 읽기)	돌담에∨속삭이는 ∨햇발같이 풀 아래∨웃음 짓는 ∨샘물같이
울림소리★	보드레한, 에메랄드, 얇게 흐르는

발음할 때 목청이 떨려 울리는 소리로 자음 중에는 'ㄴ, ㄹ, ㅁ, ㅇ'이 있는데, 울림소리가 들어간 시어를 반복하여 운율을 형성할 수 있어.

② 심상

시각적 심상	웃음 짓는 샘물, 볼에 떠오는 부끄럼
촉각적 심상	살포시 젖는 물결
┌ㅊㄱㅈ┐ 심상	돌담에 속삭이는 햇발

문제 유형 테마 3

어떻게 표현하는가

① 이 시는 ┌ㅂㅇㅂ┐을 활용하여 봄 하늘의 경치를 생생하고 참신하게 묘사하고 있다.

직유법 (~같이)	햇발같이, 샘물같이, 부끄럼같이, 물결같이
┌ㅇㅇㅂ┐★	속삭이는 햇발, 웃음 짓는 샘물

└ 햇발과 샘물이 사람처럼 속삭이고 웃음 짓는다고 표현하고 있어.

문제 유형 테마 1

1 이와 같은 글의 특징으로 적절한 것은?

① 봄의 계절적 특징을 객관적으로 전달하고 있다.

② 밝고 순수한 세상을 만들자는 주장을 펼치고 있다.

③ 봄 하늘의 감상을 운율감 있는 말로 노래하고 있다.

④ 봄을 배경으로 펼쳐지는 상상의 이야기를 꾸며 내고 있다.

⑤ 봄이 가지는 특성을 바탕으로 삶을 성찰하는 교훈을 전하고 있다.

문제 유형 테마 1

2 이 시의 화자에 대한 설명으로 가장 적절한 것은?

① 봄 하늘처럼 밝고 평화로운 세상을 동경하고 있다.

② 봄날에 벗과 함께했던 행복한 날을 회상하고 있다.

③ 봄 하늘을 우러러보며 지난날의 삶을 후회하고 있다.

④ 분주한 도시의 삶을 떠나 자연과 동행하는 삶을 소원하고 있다.

⑤ 시를 노래하려면 봄처럼 따뜻하고 밝은 마음을 지녀야 한다고 강조하고 있다.

문제 유형 테마 2

3 이 시에서 운율을 형성하는 요소가 아닌 것은?

① 각 행을 3음보로 끊어 읽을 수 있다.

② 울림소리가 들어가는 시어를 사용한다.

③ 소리와 모양을 흉내 내는 말을 쓰고 있다.

④ 각 연의 마지막 행에 '~고 싶다'가 반복된다.

⑤ '~같이'라는 말을 같은 위치에서 반복하고 있다.

문제 유형 테마 3

4 ㉠과 동일한 표현 방법이 사용된 것은?

① 산에는 꽃 피네 꽃이 피네

② 모란이 뚝뚝 떨어져 버린 날

③ 가자 가자 가자 숲으로 가자

④ 죽어도 아니 눈물 흘리오리다

⑤ 햇님이 웃는다 나 보고 웃는다

문제 유형 테마 2

5 ㉡과 같은 심상이 쓰인 것은?

① 메마른 입술이 쓰디쓰다

② 매화 향기 홀로 아득하니

③ 푸른 봄의 생기가 뛰놀아라

④ 분수처럼 흩어지는 푸른 종소리

⑤ 꽃가루와 같이 부드러운 고양이의 털

문제 유형 테마 3

6 이 시에 쓰인 표현 방법의 특징으로 적절한 것은?

① 표현하려는 대상을 드러내지 않고 감추고 있다.

② 전하려는 바를 반대로 표현해 더 깊은 뜻을 전해 준다.

③ 오랜 세월 동안 굳어진 상징적인 의미를 활용하고 있다.

④ 이치에 맞지 않는 내용 속에 진심을 담아 표현하고 있다.

⑤ 표현하려는 대상과 비슷한 특징을 가진 다른 대상에 빗대어서 표현한다.

새로운 길

윤동주

㉠내를 건너서 숲으로

고개를 넘어서 마을로

어제도 가고 오늘도 갈

나의 길 새로운 길

㉡민들레가 피고 까치가 날고

아가씨가 지나고 바람이 일고

나의 길은 언제나 새로운 길

오늘도…… 내일도……

내를 건너서 숲으로

고개를 넘어서 마을로

💡 문제 유형으로 분석하기

문제 유형 테마 1

누가 무엇을 노래하는가

① 날마다 새로운 인생의 길을 걷고자 하는 마음을 담은 **자유시**이다.

② 시적 화자는 **과거에서 미래로 이어지는** ⬚ 을 멈추지 않고 가고자 하는 **의지**를 고백하고 있다.

③ 시어 '**길**'의 함축적 의미는 ⬚⬚ 이다.

문제 유형 테마 2

무엇이 어떻게 느껴지는가

① **운율**

문장	
⬚⬚⬚ 반복	~를, ~서, ~로, ~고
수미상관★	1연과 5연의 반복

시에서 처음과 끝 연을 반복하는 것을 말해. 이를 통해 운율을 형성하고, 의미를 강조하지.

② **심상**

	내를 건너서 숲으로 고개를 넘어서 마을로
⬚⬚⬚ **심상**	민들레가 피고 까치가 날고 아가씨가 지나고 바람이 일고

문제 유형 테마 3

어떻게 표현하는가

① 이 시는 ⬚⬚⬚⬚ 을 활용하여 인생이라는 추상적인 개념을 '길'로 표현하고 있다.

② **시어의 상징적 의미**

길	화자의 삶, 인생
숲, 마을	화자가 가야할 곳, 목적지
내, ⬚⬚	화자가 겪어낼 시련
민들레, 까치, 아가씨, 바람	인생에서 만나는 희망적인 존재

문제 유형 테마 1

1 이 시에 대한 설명으로 적절하지 <u>않은</u> 것은?

① 문장 구조가 반복되면서 운율을 형성하고 있다.

② 첫 연과 마지막 연을 반복하여 의미를 강조하고 있다.

③ '길'에는 시인이 특별히 부여한 함축적 의미가 담겨 있다.

④ 계절의 변화가 두드러지는 시어를 사용하여 시간의 흐름을 나타내고 있다.

⑤ '어제', '오늘', '내일'의 시어를 통해 과거에서 미래로 이어지는 인생을 표현하고 있다.

문제 유형 테마 1

2 이 시의 화자에 대한 설명으로 적절한 것은?

① 매일 반복되는 일상의 지루함에 따분해하고 있다.

② 세상의 욕심을 버리고 자연을 벗 삼아 살고자 한다.

③ 불의에 타협하지 않으려는 지조와 절개가 엿보인다.

④ 괴로웠던 지난날의 상처를 극복하고자 애쓰고 있다.

⑤ 주어진 삶의 길을 멈추지 않고 나아가려는 의지를 보이고 있다.

문제 유형 테마 2

3 ㉠과 같은 방법으로 운율이 형성된 것은?

① 엄마야 누나야 강변 살자

② 풀 아래 웃음 짓는 샘물같이

③ 하늘다리 놓였다 알롱알롱 무지개

④ 얼굴 하나야 손바닥 둘로 폭 가리지만

⑤ 옥수숫대처럼 크게 닷 자 엿 자 자라게

문제 유형 테마 2

4 ㉡과 같은 심상이 <u>아닌</u> 것은?

① 뒷문 밖에는 갈잎의 노래

② 굽이진 돌담을 돌아서 돌아서

③ 날카롭게 쭉 뻗은 고양이 수염

④ 새악시 볼에 떠오는 부끄럼같이

⑤ 하늘 밑 푸른 바다가 가슴을 열고

문제 유형 테마 3

5 다음 중 시어에 담긴 상징적 의미가 <u>다른</u> 하나는?

① 고개   ② 까치   ③ 민들레

④ 바람   ⑤ 아가씨

문제 유형 테마 3

6 이 시에 쓰인 표현 방법의 특징을 고려할 때 [보기]의 빈칸에 들어갈 말로 가장 적절한 것은?

> ┌보기┐
>
> 상징법은 주로 표현하려는 대상이 눈에 보이지 않거나 만질 수 없는 추상적인 개념일 경우에 쓴다. 표현하려는 대상을 드러내지 않고 구체적인 사물로 나타내기 때문에 대상에 여러 가지 의미를 부여할 수 있어서 ____
> _____.

① 작품을 깊고 풍부하게 해석할 수 있다.

② 이미지가 그려지듯 생생하게 표현할 수 있다.

③ 의도와는 반대로 표현하여 의미를 더욱 강조한다.

④ 이치에 맞지 않는 내용 속에 진심을 담아 표현한다.

⑤ 사람이 아닌 것에 인격을 부여하여 생동감을 더해 준다.

이 단원에서 만나게 될
테마와 유형

문제 유형 테마 1

누가 이야기하는가 ▶ 소설과 고전 소설 / 서술자와 시점

문제 유형 7 소설의 특징으로 적절한 것은?

문제 유형 8 이 글의 시점에 대한 설명으로 적절한 것은?

문제 유형 테마 2

누가 등장하고 어떤 일이 일어나는가 ▶ 인물 / 사건과 갈등

문제 유형 9 이 글의 등장인물에 대한 설명으로 적절한 것은?

문제 유형 10 이 글에 나타난 갈등으로 적절한 것은?

문제 유형 테마 3

언제 어디에서 일어나는가 ▶ 시간적 배경 / 공간적 배경 / 사회·문화적 배경

문제 유형 11 이 글에서 알 수 있는 배경에 대한 설명으로 적절한 것은?

2. 소설

배경

조선 세종 대왕 시절 (시간)
한양 도성 흥화문 밖에 (공간)
홍문이라는 재상이 있었는데,
그에게는 **노비** 춘섬에게서 낳은
길동이라는 아들이 있었다.
길동은 아버지를 아버지라
형을 형이라 부를 수 없었다.
(사회·문화적)

사건
활빈당과 도적떼

갈등
신분제 조선 사회

인물
첩의 소생 홍길동

독자

서술자와 시점

유형 분석	소설의 특징 알기 현실에 있음 직한 일을 상상하여 쓴 글	고전 소설의 특징 알기 옛 소설 / 권선징악 / 우연과 비현실성

한눈에 쏙 개념 잡기

🔴 **소설**

- 작가가 상상력을 발휘하여 현실에 있음 직한 일을 줄글로 풀어낸 **이야기**이다.
- '누가(**인물**), 언제 어디에서(**배경**), 어떤 일(**사건**)을 겪는다'와 같은 구성을 갖는다.

🔴 **고전 소설**

- 19세기 이전(주로 조선 시대)까지 창작된 **옛 소설**로 현대 소설과 구분하여 고전 소설이라 부른다.

> 예 《심청전》, 《춘향전》, 《홍길동전》, 《흥부전》 등

- 권선징악(선한 사람은 복을 받고, 악한 사람은 벌을 받는다)의 주제를 담고 있는 이야기가 많다.
- 사건 진행에 **우연**이 많고, **비현실적인 사건이나 상황**이 등장하기도 한다.

📝 정답과 해설 **04**쪽

개념 체크 **1** 다음 빈칸에 들어갈 알맞은 말을 쓰세요.

(1) 소설이란 작가가 ㅅ ㅅ ㄹ 을 발휘하여 꾸며서 만든 이야기이다.

(2) 고전 소설은 주로 ㄱ ㅅ ㅈ ㅇ 의 주제를 담고 있다.

(3) 고전 소설에서는 사건 진행에 우연의 요소가 많고, ㅂ ㅎ ㅅ ㅈ 인 상황이 등장한다.

유형 체크 **2** 이와 같은 글의 특징으로 적절한 것을 고르세요.

> 비록 천비의 몸을 빌려 난 자식이긴 하지만, 길동의 재주를 눈여겨본 대감 역시 길동을 무척 아끼고 사랑하였다.
>
> 그러나 길동의 가슴에는 늘 원한이 맺혀 있었다. 출생이 천한 탓에 아버지를 아버지라 부르지 못하고 형을 형이라 부르지 못하기 때문이었다. 그는 자신의 천한 신분을 한탄하고 또 한탄하였다. - 허균, 〈홍길동전〉

① 연극 무대의 상연을 목적으로 한 글이다.

② 사실적인 정보를 객관적으로 전달하는 글이다.

③ 글쓴이의 경험을 통해 교훈을 전달하는 글이다.

④ 현실을 바탕으로 상상력을 발휘하여 꾸며 쓴 글이다.

⑤ 글쓴이의 생각을 운율이 있는 말로 압축해 표현한 글이다.

유형 분석	이야기를 전달하는 서술자 파악하기 소설에서 이야기를 전달하는 이	서술자의 시점 이해하기 1인칭 주인공·관찰자 시점 / 3인칭 전지적·관찰자 시점

한눈에 쏙 개념 잡기

● **소설의 서술자**

■ 독자에게 **이야기를 전달**하는 자로 '말하는 이'라고도 한다.

● **소설의 시점**

1. 소설에서 **서술자(말하는 이)가** 사건을 바라보는 시각을 말한다.
   └ 이야기를 전해 주는 서술자가 어떤 위치에서 사건을 바라보고 있는지를 말하는 거야.

2. 시점의 종류

   ① 1인칭 주인공 시점: **소설 속 주인공 '나'가 자신의 이야기를** 서술한다.

   ② 1인칭 관찰자 시점: **소설 속 주인공의 주변 인물인 '나'가** 관찰자가 되어 **주인공의 이야기를** 서술한다.

   ③ 작가 관찰자 시점: **소설 밖의 서술자가** 소설 속 인물의 행동을 객관적으로 관찰하여 서술한다.

   ④ 전지적 작가 시점: **소설 밖의 서술자가** 신과 같은 위치에서 인물의 속마음까지 모두 **들여다보며** 서술한다.

	주인공의 말과 행동은 물론 **속마음까지 서술**	**겉에서 관찰**할 수 있는 주인공의 말이나 행동만 서술
서술자가 **소설 안**에 존재	1인칭 주인공 시점	1인칭 관찰자 시점
서술자가 **소설 밖**에 존재	전지적 작가 시점 (3인칭 전지적 시점)	작가 관찰자 시점 (3인칭 관찰자 시점)

 정답과 해설 **04쪽**

개념 체크 **1** 다음 빈칸에 들어갈 알맞은 말을 쓰세요.

(1) ⌈ㅅ ㅅ ㅈ⌋ 는 독자에게 이야기를 전달하는 자로 '말하는 이'라고도 한다.

(2) 소설에서 '말하는 이'가 사건을 바라보는 시각을 ⌈ㅅ ㅈ⌋이라고 한다.

(3) 주인공의 주변 인물 '나'가 주인공의 이야기를 관찰하며 서술하는 시점은

   1인칭 ⌈ㄱ ㅊ ㅈ⌋ 시점이다.

(4) 소설 밖의 서술자가 신과 같은 위치에서 모든 것을 다 알고 서술하는 시점은

   ⌈ㅈ ㅈ ㅈ⌋ 작가 시점이다.

나는 금년 여섯 살 난 처녀애입니다. 내 이름은 박옥희이고요. 우리 집 식구라고는 세상에서 제일 이쁜 우리 어머니와 단 두 식구뿐이랍니다. (중략)

[A]
　　요새 와서 어머니의 하는 일이란 참으로 알 수가 없는 노릇입니다. 어떤 때는 어머니도 퍽 유쾌하셨습니다. 밤에 때로는 풍금도 타고 또 때로는 찬송가도 부르고 그러실 때에는 나도 너무도 좋아서 가만히 어머니 옆에 앉아서 듣습니다. 그러나 가끔가끔 그 독창은 소리 없는 울음으로 끝을 맺는 때가 많은데, 그런 때면 나도 따라서 울었습니다. 그러면 어머니는 나를 안고 내 얼굴에 돌아가면서 무수히 입을 맞추어 주면서,

　　"엄마는 옥희 하나문 그뿐이야, 응, 그렇지……."

하시면서 언제까지나 언제까지나 우시는 것이었습니다.

- 주요섭, 〈사랑손님과 어머니〉

유형체크 2 이 글의 시점에 대한 설명으로 적절한 것을 <u>모두</u> 고르세요.

① 서술자는 여섯 살 난 여자아이 박옥희이다.

② 옥희는 어머니를 관찰하여 이야기를 들려주고 있다.

③ 옥희의 어머니가 자신의 이야기를 서술하는 1인칭 주인공 시점이다.

④ 소설 밖에 존재하는 서술자가 옥희와 어머니의 행동을 관찰한 대로 서술하고 있다.

⑤ 소설 밖에 존재하는 서술자가 옥희와 어머니의 속마음까지 들여다보며 서술하고 있다.

유형체크 3 [A] 부분의 시점을 [보기]와 같이 바꾸었을 때 효과로 적절한 것을 고르세요.

> [보기]
> 　　요즘 내 마음을 종잡을 수가 없다. 어떤 날에는 기분 좋게 풍금을 타고 찬송가를 부른다. 이런 날에는 딸 옥희도 한껏 신이 난 얼굴로 내 옆에 딱 붙어 앉는다. 가끔 내게 주어진 슬픈 운명이 생각날 때면 하염없이 눈물이 나는데 옆에 있던 옥희가 덩달아 울기 시작하면 미안한 마음을 주체할 수 없다. 그럴 때마다 옥희를 껴안고 눈물을 삼켜 보려 애를 쓰지만 생각만큼 쉽지 않다.

① 옥희와 어머니의 속마음을 알 수 있다.

② 옥희에게 더 깊은 친근감을 느낄 수 있다.

③ 어머니가 하는 행동을 객관적으로 관찰할 수 있다.

④ 옥희와 어머니 둘 다 보지 못했던 일을 지켜볼 수 있다.

⑤ 옥희가 알지 못했던 어머니의 속마음을 이해할 수 있다.

누가 등장하고 어떤 일이 일어나는가

문제 유형 9 이 글의 **등장인물**에 대한 설명으로 적절한 것은?

유형 분석	등장인물의 특징 알기 소설에서 이야기를 이끌어 가는 주체	등장인물의 성격과 심리 상태 파악하기 직접 제시와 간접 제시

한눈에 쏙 개념 잡기

⏱ 인물

1. 소설 속에서 말하고 행동하며 이야기를 이끌어 가는 주체이다.

2. 인물의 **성격과 심리 상태** 파악하기: 서술자가 인물을 제시하는 방법에 따라 **직접 제시**와 **간접 제시**가 있다.

   ① 직접 제시(서술자가 인물의 성격이나 내면 심리를 직접 설명하기)

   > 예 길동의 가슴에는 늘 원한이 맺혀 있었다. 출생이 천한 탓에 아버지를 아버지라 부르지 못하고 형을 형이라 부르지 못하기 때문이었다. → 서술자가 홍길동의 마음에 원한이 맺힌 이유에 대해 직접 설명하고 있다. ― 허균, 〈홍길동전〉

   ② 간접 제시★(서술자가 인물의 대화나 행동을 묘사하여 보여 주기)
   └ 독자는 서술자가 전해 주는 정보를 바탕으로 인물의 처지 및 감정의 상태 등을 해석할 줄 알아야 해.

   > 예 나는 고개도 돌리려 하지 않고 일하던 손으로 그 감자를 도로 어깨 너머로 쑥 밀어 버렸다. 그랬더니 그래도 가는 기색이 없고, 뿐만 아니라 쌔근쌔근하고 심상치 않게 숨소리가 점점 거칠어진다.
   > → 서술자 '나'가 자신이 한 행동으로 벌어진 등장인물의 갑작스러운 행동 변화를 보이는 대로 서술하고 있다. ― 김유정, 〈동백꽃〉

📍 정답과 해설 **04쪽**

개념 체크 **1** 다음 설명이 맞으면 ○, 틀리면 × 표시를 하세요.

(1) 소설 속 이야기를 이끌어 가는 주체는 인물이다. ⋯⋯⋯⋯⋯⋯⋯⋯⋯⋯ ( )

(2) 서술자가 인물을 판단하는 관점에 따라 직접 제시와 간접 제시로 나눌 수 있다. ⋯⋯⋯ ( )

(3) 서술자가 인물의 대화나 행동을 묘사해서 보여 주는 방식을 직접 제시라고 한다. ⋯⋯⋯ ( )

유형 체크 **2** 이 글의 등장인물에 대한 설명으로 적절한 것을 고르세요.

> 나는 그 아저씨가 어떠한 사람인지는 몰랐으나 첫날부터 내게는 퍽 고맙게 굴고 나도 그 아저씨가 꼭 마음에 들었어요. 어른들이 저희끼리 말하는 것을 들으니까 그 아저씨는 돌아가신 우리 아버지와 어렸을 적 친구라고요. 어디 먼 데 가서 공부를 하다가 요새 돌아왔는데, 우리 동리 학교 교사로 오게 되었대요.
>
> ― 주요섭, 〈사랑손님과 어머니〉

① '아저씨'는 '나'에게 무섭게 대한다.

② '아저씨'는 '나'의 아버지와 어릴 적 친구였다.

③ '아저씨'는 '나'의 어머니와 같은 학교에 다녔다.

④ '나'의 아버지는 동리 학교에서 교사를 하고 있다.

⑤ '나'는 '아저씨'와 오래전부터 알고 있는 사이이다.

유형 분석	소설의 구성 단계 이해하기	갈등의 의미와 종류 알기
	발단 – 전개 – 위기 – 절정 – 결말	내적 갈등과 외적 갈등

한눈에 쏙 개념 잡기

● 갈등과 소설의 구성 단계

1. 갈등은 이야기를 이끌어 가는 핵심 요소로서 인물의 내면이나 외부에서 벌어지는 대립을 말한다.

2. 소설의 **구성 단계**: 발단 – 전개 – 위기 – 절정 – 결말 (갈등이 생기고 해소될 때까지의 과정)

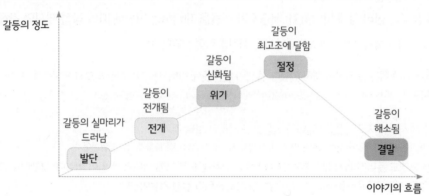

● 갈등의 종류

1. **내적 갈등**: 한 인물의 마음속에서 벌어지는 갈등이다.

> 예 '오늘 숙제를 다 하고 자야 한다'와 '일단 자고 일어나서 숙제를 하고 싶다'는 생각이 대립하는 경우

2. **외적 갈등**: 인물과 그 인물을 둘러싼 환경 사이에서 발생하는 갈등이다.

① **인물 vs 인물**: 서로 다른 성격이나 가치관을 가진 인물 간의 갈등

> 예 《흥부전》에서 착하고 베풀 줄 아는 흥부와 욕심 많고 심술궂은 놀부의 갈등

② **인물 vs 사회**: 인물이 소설 속 사회 제도나 규범으로 겪게 되는 갈등

> 예 《홍길동전》에서 신분 차별이 존재하는 조선 시대와 첩의 아들로 태어난 홍길동의 갈등

③ **인물 vs 자연**: 인물이 자연환경과 부딪쳐 겪는 갈등

> 예 《노인과 바다》에서 물고기를 지키려는 노인과 물고기를 뜯어 먹으려는 상어의 갈등

④ **인물 vs 운명**: 인물이 자신에게 주어진 운명과 벌이는 갈등

> 예 《오이디푸스왕》에서 운명대로 자신의 아버지를 죽이고 어머니와 결혼한 오이디푸스의 갈등

정답과 해설 **04**쪽

개념 체크 **1** 다음 빈칸에 들어갈 알맞은 말을 쓰세요.

(1) 인물의 내면이나 외부에서 벌어지는 대립을 [ㄱ ㄷ]이라고 한다.

(2) 소설의 구성 단계에서 갈등이 최고조에 달하는 단계는 [ㅈ ㅈ]이다.

(3) [ㄴ ㅈ ㄱ ㄷ]은 한 인물의 마음속에서 발생하는 갈등이다.

㉮ 길동이 점점 자라 여덟 살이 되니, 말 한마디를 들으면 열 가지를 알았고, 한 번 보면 모르는 것이 없을 정도였다. 천비의 소생만 아니라면 실로 큰 인물이 될 그릇이었다. 대감은 더욱 총애하면서도 길동이 아버지니 형이니 부르면 즉시 꾸짖어 그렇게 부르지 못하게 하였다.

㉯ 비록 천비의 몸을 빌려 난 자식이긴 하지만, 길동의 재주를 눈여겨본 대감 역시 길동을 무척 아끼고 사랑하였다.

　그러나 길동의 가슴에는 늘 원한이 맺혀 있었다. 출생이 천한 탓에 아버지를 아버지라 부르지 못하고 형을 형이라 부르지 못하기 때문이었다. 그는 자신의 천한 신분을 한탄하고 또 한탄하였다.

㉰ 그때 홍 대감 역시 밝은 달빛을 즐기고자 창문을 열고 비스듬히 기대어 앉아 있다가 이런 길동의 모습을 보았다. 대감이 크게 놀라며 물었다.

　"밤이 이미 깊었는데 너는 무슨 흥이 있어 이러고 있느냐?"

　길동이 칼을 던지고 엎드려 대답하였다.

　"소인이 대감의 정기를 받고 당당한 남자로 태어났으니 이만한 즐거움도 없습니다. 그러나 늘 서러운 것은 아버지를 아버지라 부르지 못하고 형을 형이라 부르지 못하는 신세이옵니다. 하인들까지 모두 천하게 보며, 친지와 친구조차도 아무개의 천생이라고 이릅니다. 이런 원통한 일이 어디 있겠습니까?"

　길동은 대성통곡하였다. 대감은 속으로는 길동이 불쌍했지만 짐짓 꾸짖어 말하였다.

㉱ "재상의 집안에서 천한 노비에게 태어난 사람이 너뿐이 아니다. 그러니 방자하게 굴지 말아라. 다시 그런 말을 입 밖에 꺼내면 내 앞에 서지도 못하게 할 것이다."

　길동은 그저 눈물만 흘리며 한참 동안을 그렇게 엎드려 있었다.

　　　　　　　　　　　　　　　　　　　- 허균, 〈홍길동전〉

유형 체크

2 ㉮~㉱의 내용으로 적절하지 <u>않은</u> 것을 고르세요.

① ㉮: 길동은 어려서부터 남다른 재능을 보였다.

② ㉯: 길동의 어머니는 천비 신분이다.

③ ㉰: 홍 대감은 밤이 깊어지자 길동을 찾아갔다.

④ ㉱: 홍 대감은 내색하지는 않았지만 길동의 처지를 안타까워했다.

⑤ ㉱: 홍 대감은 울고 있는 길동을 앞에 두고 크게 꾸짖었다.

유형 체크

3 이 글에 나타난 갈등으로 적절한 것을 고르세요.

① 길동은 신분 차이로 형과 외적 갈등을 겪고 있다.

② 길동은 자연 환경에 부딪쳐 외적 갈등을 겪고 있다.

③ 길동은 자신의 능력 부족으로 내적 갈등을 겪고 있다.

④ 길동은 낮은 신분인 어머니와 외적 갈등을 겪고 있다.

⑤ 길동은 신분으로 차별하는 사회와 외적 갈등을 겪고 있다.

문제 유형 ⑪ 이 글에서 알 수 있는 **배경**에 대한 설명으로 적절한 것은?

유형 분석	소설의 배경 이해하기 사건이 벌어지는 시간과 장소 및 시대 상황	사회·문화적 배경 파악하기 특정 시대의 소재 및 등장인물의 말과 행동

한눈에 쏙 개념 잡기

🧭 배경

- 소설 속에서 사건이 벌어지는 시간과 장소 및 시대 상황을 의미한다.

① **시간적 배경**: 사건이 벌어지는 시점 (시간, 날짜, 계절 등)

> 예 정오, 3월 1일, 그해 여름

② **공간적 배경**: 사건이 일어나는 공간 (지역, 장소 등)

> 예 광장, 외나무다리, 부산 앞바다

③ **사회·문화적 배경**: 작품의 배경이 되는 **사회의 시대적·문화적·정치적 상황**

 (특정 시대와 관련된 **역사적 사건**, 시대를 짐작할 수 있게 하는 **소재나 인물의 말과 행동 양식**)

> 예 신분에 따라 차별이 존재하는 사회, 탐관오리의 부정부패, 식민 통치의 억압

🔍 정답과 해설 **04쪽**

개념 체크 **1** 다음 설명이 맞으면 ○, 틀리면 ✕ 표시를 하세요.

(1) 소설의 배경은 작가가 작품을 쓴 시대를 말한다. ·· ( )

(2) '그해 겨울'은 소설 속에서 사건이 벌어지는 시간적 배경을 알려 주는 말이다. ········· ( )

(3) 특정 시대를 짐작할 수 있는 소재를 통해 작품의 사회·문화적 배경을 파악할 수 있다. ··· ( )

㉮ 때는 1433년, ㉠조선조 세종 대왕이 왕위에 오른 지 십오 년이었다. 홍화문 밖에 홍문이라는 ㉡재상이 있었다.

㉯ 사흘 뒤에 대감이 들어와 아이의 모습을 보았다. 한편으로는 무척 기뻤으나 ㉢노비의 몸에서 태어난 천생임이 안타까웠다. 기쁨과 안타까움이 교차하는 가운데, 아이의 이름을 길동이라 지었다.

㉰ ㉣임금이 크게 노하여 부르짖었다.

 "네 이놈, 죄 없는 사람의 ㉤재물은 탈취하지 않았다니, 어느 앞이라고 감히 거짓을 고하느냐? 네가 합천 해인사 중을 속여 재물을 도적질하고, 또 왕릉 있는 곳에 불을 질러 무기를 훔쳤으니, 그만큼 큰 죄가 또 어디 있느냐?"

라 그러자 길동 일행이 다시금 머리를 조아리고 아뢰었다.

"일찍부터 해인사의 중들은 경작도 하지 아니하고 백성의 곡식을 빼앗으며, 베도 짜지 아니하고 백성을 속여 의복을 받아 입고 있습니다. 주변의 백성들은 굶주리고 있는데도, 불도를 무기로 무고한 백성들의 재물을 탈취하여 자신들의 배를 불리는 데만 애쓰고 있으니 어찌 그냥 둘 수 있겠습니까? 또 병기를 탈취한 것은 저희들이 산중에서 병법을 익혀 두었다가 나라에 환난이 있을 때 전하를 도와 나라를 구하고자 함이었습니다. 불을 질러도 능에는 절대 가까이 가지 않게 하였사옵니다."

- 허균, 〈홍길동전〉

유형 체크 **2** 이 글의 배경에 대한 설명으로 적절하지 <u>않은</u> 것을 고르세요.

① 출생 신분에 따른 차별이 존재하는 사회였다.

② 합천 해인사는 소설 속 사건이 벌어졌던 장소이다.

③ 조선 시대 세종 대왕이 다스리던 때의 이야기이다.

④ 백성 중에는 곡식을 빼앗겨 굶주리는 사람들도 있었다.

⑤ 당시의 도적 떼는 나라가 위기에 처할 때 앞장서서 싸웠다.

유형 체크 **3** ㉠~㉤ 중 이 글의 사회·문화적 배경을 드러내는 소재로 적절하지 <u>않은</u> 것을 고르세요.

① ㉠ 조선조 ② ㉡ 재상

③ ㉢ 노비 ④ ㉣ 임금

⑤ ㉤ 재물

유형 체크 **4** ㉮~㉣ 중 [보기]의 내용과 관련된 시대적 상황이 반영된 부분으로 적절한 것을 고르세요.

> **보기**
>
> 조선 시대에는 양반의 피를 이어받아 태어나도 첩의 소생은 관직 진출이나 사회적 대우에 크게 차별을 받았다. 양인의 첩은 서자, 천인의 첩은 얼자라고 해서 서얼이라고 불리며 가족 안에서도 제대로 된 대접을 받지 못했다.

① ㉮ ② ㉯ ③ ㉰

④ ㉮, ㉣ ⑤ ㉰, ㉣

동백꽃

김유정

㉮ 오늘도 또 우리 수탉이 막 쪼이었다. 내가 점심을 먹고 나무를 하러 갈 양으로 나올 때이었다. 산으로 올라서려니까 등 뒤에서 푸드득 푸드득, 하고 닭의 횃소리가 야단이다. 깜짝 놀라서 고개를 돌려 보니 아니나 다르랴, 두 놈이 또 얼리었다. (중략) 이번에도 점순이가 쌈을 붙여 놨을 것이다. 바짝바짝 내 기를 올리느라고 그랬음에 틀림없을 것이다. 고놈의 계집애가 요새로 들어서서 왜 나를 못 먹겠다고 그렇게 아르렁거리는지 모른다.

㉯ 점순이는 잔소리를 두루 늘어놓다가 남이 들을까 봐 손으로 입을 틀어막고는 그 속에서 깔깔댄다. 별로 우스울 것도 없는데 날씨가 풀리더니 이놈의 계집애가 미쳤나 하고 의심하였다. 게다가 조금 뒤에는 제 집께를 할끔할끔 돌아보더니 행주치마의 속으로 꼈던 바른손을 뽑아서 나의 턱밑으로 불쑥 내미는 것이다. 언제 구웠는지 아직

_{오른쪽 손}

도 더운 김이 홱 끼치는 굵은 감자 세 개가 손에 뿌듯이 쥐었다.

"느 집엔 이거 없지?" / 하고 생색 있는 큰소리를 하고는 제가 준 것을 남이 알면 큰일 날 테니 여기서 얼른 먹어 버리란다. 그리고 또 하는 소리가, / "너, 봄 감자가 맛있단다." / "난 감자 안 먹는다, 니나 먹어라." / 나는 고개도 돌리려 하지 않고 일하던 손으로 그 감자를 도로 어깨너머로 쑥 밀어 버렸다. 그랬더니 그래도 가는 기색이 없고, 뿐만 아니라 쌔근쌔근하고 심상치 않게 숨소리가 점점 거칠어진다. 이건 또 뭐야, 싶어서 그때에야 비로소 돌아다보니 나는 참으로 놀랐다. 우리가 이 동리에 온 것은 근 삼 년째 되어 오지만 여태껏 가무잡잡한 점순이의 얼굴이 이렇게까지 홍당무처럼 새빨개진 법이 없었다. 게다가 눈에 독을 올리고 한참 나를 요렇게 쏘아보더니 나중에는 눈물까지 어리는 것이 아니냐.

㉰ 나는 대뜸 달려들어서 나도 모르는 사이에 큰 수탉을 단매로 때려 엎었다. 닭은 푹 엎어진 채 다리 하나 꼼짝 못하고 그대로 죽어 버렸다. 그리고 나는 멍하니 섰다가 점순이가 매섭게 눈을 흡뜨고 닥치는 바람에 뒤로 벌렁 나자빠졌다.

"이놈아! 너 왜 남의 닭을 때려죽이니?" / "그럼 어때?" 하고 일어나다가,

"뭐, 이 자식아! 누 집 닭인데?" / 하고 복장을 떼미는 바람에 다시 벌렁 자빠졌다.

_{가슴의 한복판}

그러고 나서 가만히 생각을 하니 분하기도 하고 무안스럽기도 하고 또 한편 일을 저질렀으니 인젠 땅이 떨어지고 집도 내쫓기고 해야 되는지 모른다.

[A] ┌ 나는 비슬비슬 일어나며 소맷자락으로 눈을 가리고는 얼김에 엉 하고 울음을
      │ 놓았다. 그러다 점순이가 앞으로 다가와서, / "그럼 너 이담부텀 안 그럴 테냐?"
      │ / 하고 물을 때에야 비로소 살길을 찾은 듯싶었다. 나는 눈물을 우선 씻고 뭘 안
      └ 그러는지 명색도 모르건만, / "그래!" / 하고 무턱대고 대답하였다.

"요담부터 또 그래 봐라. 내 자꾸 못살게 굴 테니!"

"그래 그래, 인젠 안 그럴 테야!" / "닭 죽은 건 염려 마라. 내 안 이를 테니."

💡 **문제 유형으로 분석하기**

문제 유형 테마 1

누가 이야기하는가

〈동백꽃〉은 소설 속 등장인물인 '나'가 자기 이야기를 풀어내는 1인칭 ☐☐ ☐☐☐ 시점이다.

문제 유형 테마 2

누가 등장하고 어떤 일이 일어나는가

등장인물	'나', 점순이
사건과 갈등	눈치가 없는 주인공 '나'가 점순이가 준 ☐☐☐를 거절하면서 ☐☐☐ 갈등을 겪게 된다.

문제 유형 테마 1

1 이 글의 시점에 대한 설명으로 적절한 것은?

① 전지적 작가 시점이다.

② 서술자가 '나'의 말과 행동을 관찰하고 있다.

③ 서술자가 소설 밖에서 인물을 관찰하고 있다.

④ 서술자가 여러 인물의 속마음을 직접 제시하고 있다.

⑤ 소설 속 '나'가 직접 자신의 이야기를 서술하고 있다.

문제 유형 테마 2

2 이 글의 등장인물에 대한 설명으로 적절한 것은?

① 점순이는 성격이 소심하다.

② 점순이는 닭싸움을 좋아한다.

③ 점순이는 '나'에게 호감을 느끼고 있다.

④ '나'는 점순이를 남몰래 좋아하고 있다.

⑤ '나'는 영리하고 눈치가 빨라 점순이를 속이고 있다.

문제 유형 테마 2

3 ㉮~㉯에 나타난 '나'의 마음으로 적절하지 않은 것은?

① ㉮: 점순이 때문에 약이 오른다.

② ㉮: 점순이가 왜 자신을 괴롭히는지 모르겠다.

③ ㉯: 점순이의 새빨개진 얼굴을 보고 깜짝 놀랐다.

④ ㉯: 혼자서 깔깔 웃는 점순이가 이상하다고 생각했다.

⑤ ㉰: 점순이가 자신을 좋아하고 있다는 것을 알게 되었다.

문제 유형 테마 2

4 ㉮~㉰의 내용으로 적절하지 않은 것은?

① ㉮: '나'는 누가 닭싸움을 붙였는지 궁금해했다.

② ㉯: 점순이가 '나'에게 감자를 주었다.

③ ㉯: '나'는 점순이가 준 감자를 거절했다.

④ ㉰: '나'는 점순이네 닭을 때려죽였다.

⑤ ㉰: 점순이는 '나'가 닭 죽인 일을 이르지 않겠다고 했다.

문제 유형 테마 2

5 이 글에 나타난 갈등으로 적절하지 않은 것은?

① '나'와 점순이의 외적 갈등이 드러나 있다.

② '나'가 감자를 거절한 일이 갈등의 원인이 되었다.

③ '나'는 갈등을 해소하기 위해 점순이네 닭을 때렸다.

④ '나'는 점순이가 화가 난 이유를 제대로 이해하지 못했다.

⑤ '나'가 울음을 터트린 후 갈등이 해결될 실마리가 보였다.

문제 유형 테마 1

6 [A] 부분의 시점을 [보기]와 같이 바꾸었을 때 효과로 적절한 것은?

> 보기
>
> 소년이 서럽게 울기 시작하자 점순이는 앞으로 다가가 "그럼 너 이담부텀 안 그럴 테냐?" 하고 물었다. 그러자 소년이 눈물을 닦으며 "그래!" 하고 대답했다.

① 주인공의 속마음을 깊이 이해할 수 있다.

② 인물의 행동을 보고 속마음을 짐작할 수 있다.

③ 인물의 행동이 갖는 의미를 꿰뚫어 볼 수 있다.

④ 소설 속 서술자에게 더욱 친근함을 느낄 수 있다.

⑤ 주인공 외에 다른 인물의 속마음까지 파악할 수 있다.

허생전

박지원

㉮ 가난한 허생이 사는 집은 삼간 초가로, 비바람도 가리지 못할 만큼 낡고 허름했다. 그는 글 읽기를 워낙 좋아해서 늘 책만 보았고, 아내는 남의 집 일을 돕거나 ㉠삯바느질을 해서 겨우 입에 풀칠을 하며 살았다.

그러던 어느 날이었다. / 아내가 굶주림을 참다못해 허생에게 눈물을 흘리며 하소연했다. (중략)

"이날 이때까지 당신이 한 게 학문인데 뭐가 모자란다는 겁니까?"

"㉡학문에는 끝이 없으니 그런 게 아니오." / 허생이 꽁무니를 빼듯이 대답했다.

"그럼, 생활에 필요한 물건을 만드세요."

"내가 무슨 기술이 있어 그런 걸 만들겠소." / "그렇다면 장사라도 해 보세요."

"장사? 밑천이 있어야 장사를 할 게 아니오." / 그러자 아내가 화를 냈다.

"먹을 것도 없고 돈도 없는 데다, ㉢과거도 안 보면서 당신은 만날, 그것도 밤낮 책만 읽어 무엇에 쓴단 말씀입니까? 글을 읽는다고 먹을 게 나온답니까, 돈이 나온답니까? 기술도 없고 장사도 못 하신다면 나가서 도둑질이라도 해 오세요."

"어허, 무슨 말을 그렇게 하는 게요?"

읽던 책을 덮은 허생이 자리를 박차고 일어나 곧바로 집을 나섰다.

㉯ 허생은 이리로 가서 묻고 저리로 가서 물어 변 씨가 사는 집을 찾아갔다. 그는 부자 변 씨에게 예의를 갖추어 읍하고 말했다.

"나는 선비올시다. 그런데 너무 가난해서 돈을 벌려고 하오. 글만 읽어 변변한 ㉣기술 하나 없소. 하지만 내 능력을 시험해 보려 하니, 만 냥만 빌려주실 수 있겠소이까?"

"좋소, 빌려주겠소."

변 씨는 토 하나 달지 않고 곧바로 허락해 허생에게 돈을 내 주었다.

㉰ 그런 어느 날 변 씨가 기회를 타서 넌지시 물었다.

"내게 빌려간 돈은 일만 냥이오. 그런데 그걸 어떻게 굴렸기에 오 년 만에 백만 냥이나 벌었소이까?" / 허생이 대답했다. (중략)

"우리나라 조선에서는 배를 타고 외국에 오갈 수 없고, 물건을 사고팔 수도 없소. 또한 수레를 타고 나라 안을 다닐 수도 없소. 그래서 모든 물건은 나라 안에서 키우고 만들어져 나라 안에서 쓰이고 있소이다. (중략) 일만 냥이면 육지에서 키우고 만들어진 물건 한 가지는 독점할 수 있고, 일만 냥이면 물에서 나는 물건이라도 그 가운데 한 가지는 다 사들일 수 있으며, 일만 냥이면 의원들이 쓰는 ㉤약재 가운데에도 한 가지를 독점할 수 있소이다. 어떤 물건 한 가지가 몽땅 어느 한곳에 묶여 있는 동안, 장사꾼들은 자기가 가지고 있는 걸 다 팔면 그 물건을 더 이상 구할 수 없게 되오. 이렇게 되면 독점한 그 한 가지 물건 값은 엄청나게 비싸질 게요."

문제 유형으로 분석하기

문제 유형 테마 1

누가 이야기하는가

〈허생전〉은 소설 밖에 존재하는 서술자가 **인물의 속마음까지 들여다 보며 서술**하는 ⬜ㅈ⬜ㅈ⬜ㅈ⬜ 작가 시점이다.

문제 유형 테마 2

누가 등장하고 어떤 일이 일어나는가

등장인물	허생, 허생의 아내, 변 씨
사건과 갈등	글 읽기를 좋아하는 허생이 가난을 참지 못한 아내와 갈등 끝에 집을 나간 후 변 씨에게 빌린 ⬜ㅁ⬜ㄴ⬜으로 ⬜ㅈ⬜ㅅ⬜를 해서 큰 돈을 벌었다.

문제 유형 테마 3

언제 어디에서 일어나는가

〈허생전〉은 ⬜ㅈ⬜ㅅ⬜ 시대를 배경으로 펼쳐지는 이야기로, 당시는 배, 수레와 같은 ⬜ㄱ⬜ㅌ⬜ 수단이 발달하지 못해 유통의 어려움을 겪고 있었다.

문제 유형 테마 1

1 이 글의 시점에 대한 설명으로 적절한 것은?

① 이야기를 전하는 서술자가 여럿이다.

② 소설 속 '나'가 자신의 이야기를 서술한다.

③ 소설 속 주변 인물이 주인공을 관찰하여 서술한다.

④ 소설 밖 서술자가 인물의 행동은 물론 속마음을 다 알고 서술한다.

⑤ 소설 밖 서술자가 겉으로 보이는 인물의 행동만을 관찰하여 서술한다.

문제 유형 테마 2

2 가~다의 등장인물에 대한 설명으로 적절하지 <u>않은</u> 것은?

① 가: 허생은 글 읽기를 좋아한다.

② 가: 아내는 학문에 열정이 있는 남편을 존경한다.

③ 가: 허생은 집안 살림에 관심이 전혀 없다.

④ 나: 변 씨는 처음 본 사람에게 돈을 빌려줄 정도로 대범하다.

⑤ 다: 허생은 당시 조선의 시장이 안고 있던 문제점을 인식하고 있다.

문제 유형 테마 2

3 소설의 구성 단계상 가에 해당하는 설명으로 적절한 것은?

① 갈등이 심화되면서 긴장감이 점차 높아진다.

② 갈등이 해소되고 모든 사건이 마무리가 된다.

③ 본격적인 사건이 발생하면서 갈등이 시작된다.

④ 갈등이 최고조에 달하고 해결의 실마리가 보인다.

⑤ 인물과 배경이 소개되고 갈등의 실마리가 드러난다.

문제 유형 테마 2

4 이 글에 나타난 갈등으로 적절한 것은?

① 과거 시험에 낙방한 허생의 내적 갈등

② 돈을 빌리려는 허생과 변 씨의 외적 갈등

③ 허생에게 돈을 빌려줄지 망설이는 변 씨의 내적 갈등

④ 가난한 살림에도 책만 읽는 허생과 아내의 외적 갈등

⑤ 장사꾼으로 살 수밖에 없는 운명을 타고난 허생의 외적 갈등

문제 유형 테마 3

5 [보기]의 내용을 참고하여, 다의 내용을 바르게 이해한 것은?

> **보기**
>
> 조선 시대 실학자 박지원은 당시 상업이 발전하지 못하는 원인으로 수레가 활용되지 못하고 있음을 지적하였다. 같은 물건이라고 해도 어떤 지역에서는 흔하지만 다른 지역에서는 엄두조차 내지 못할 정도로 높은 가격에 거래되는 것은 나라 안에 수레가 다니지 못하기 때문이라는 것이다.

① 외국과 배를 활용한 교역이 활발해졌다.

② 수레를 만드는 기술자가 턱없이 부족했다.

③ 수레의 독점 거래가 심해 상인들의 피해가 컸다.

④ 수레를 타고 장거리를 이동하는 사람들이 늘었다.

⑤ 나라 안에 물자가 원활히 돌지 못해 독점하기 쉬웠다.

문제 유형 테마 3

6 ㉠~㉤ 중 이 글의 사회·문화적 배경을 드러내는 소재로 적절한 것은?

① ㉠ 삯바느질

② ㉡ 학문

③ ㉢ 과거

④ ㉣ 기술

⑤ ㉤ 약재

이 단원에서 만나게 될
테마와 유형

3. 극·수필

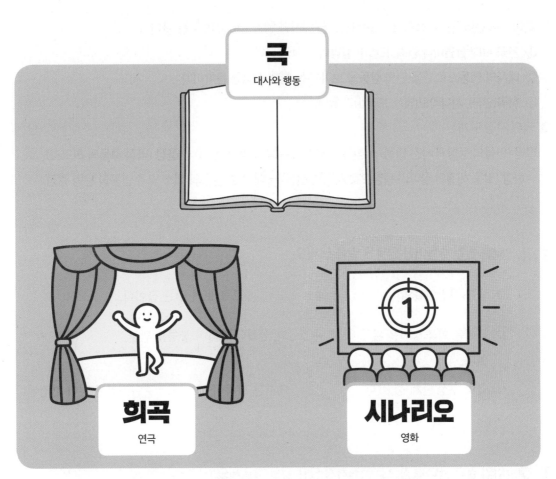

극
대사와 행동

희곡
연극

시나리오
영화

수필
누구나/일상/개성/교훈

삶의 성찰

문제 유형 테마 ①
극이란 무엇인가

필수 개념 극 / 희곡 / 시나리오

문제 유형 ⑫ 극의 특징으로 적절한 것은?

유형 분석	극의 특징 알기 등장인물의 대사와 행동으로 보여 주는 글	극의 구성 단계 이해하기 발단 - 전개 - 절정 - 하강 - 대단원

한눈에 쏙 개념 잡기

● 극

1. 이야기를 전달하는 서술자 없이 **등장인물의 대사와 행동**으로 보여 주는 글이다.

   ① 연극 무대 **상연**이나 영화, 드라마 **상영**이 목적인 글이다.

   ② **대사와 행동**으로 인물 간의 **갈등**을 보여 주는 **현재 진행형 문학**이다.

   ③ **희곡**(연극), **시나리오**(영화, 드라마)가 있다.

2. 극의 구성 단계

   발단 (인물의 등장과 사건 발생) → **전개** (사건의 진행과 갈등의 심화) → **절정** (극적 갈등의 최고조)
   → **하강** (갈등 해결의 실마리 등장으로 사건의 전환) → **대단원** (갈등의 해소 및 주인공의 운명 결정)

 정답과 해설 **06쪽**

개념 체크 **1** 다음 빈칸에 들어갈 알맞은 말을 쓰세요.

(1) 극은 등장인물의 ⌈ㄷ ㅅ⌉ 와 ⌈ㅎ ㄷ⌉ 으로 보여 주는 글이다.

(2) 극에는 연극 상연을 위한 ⌈ㅎ ㄱ⌉ 과, 영화나 드라마 상영을 위한 ⌈ㅅ ㄴ ㄹ ㅇ⌉ 가 있다.

(3) 극의 구성 단계 중 ⌈ㄷ ㄷ ㅇ⌉ 에서는 갈등이 해소되고 주인공의 운명이 결정된다.

유형 체크 **2** 이와 같은 글의 특징으로 적절하지 <u>않은</u> 것을 고르세요.

> 포셔   자, 그러니 살을 벨 준비를 하시오. 피를 흘리지 말고 더도 말고 덜도 말고 꼭 한 근을 베되 털끝만큼도 기운다면 당신은 사형이 되고 재산은 몰수당할 것이오.
> 그라시아노   다니엘의 재림이다. 명법관이다. 야, 이 유대인 놈아, 너는 이제 꿈쩍도 못 할 것이다.
>
> - 셰익스피어, 〈베니스의 상인〉

① 이야기를 전달하는 서술자가 없다.

② 모든 사건이 현재형으로 진행된다.

③ 등장인물의 대사와 행동으로 사건을 보여 준다.

④ 운율감이 느껴지는 말로 압축해서 표현하고 있다.

⑤ 발단 - 전개 - 절정 - 하강 - 대단원의 구성 단계가 있다.

유형 분석	희곡의 특징 알기 연극 상연을 위한 대본	시나리오의 특징 알기 영화나 드라마의 상영을 위한 대본

한눈에 쏙 개념 잡기

✅ 희곡

1. **무대 상연**을 목적으로 하는 **연극의 대본**이다.

2. 희곡의 구성단위: 장과 막

장	무대 장면의 변화 없이 인물의 등장과 퇴장으로 구분한다.
막	무대의 막이 오르고 내리기까지의 단위로 장이 여러 개 모여 막을 이룬다.

3. 희곡의 구성 요소: 해설, 대사, 지시문(지문)

해설	때와 장소, 인물과 무대 장치를 설명하는 글
대사	• 대화: 등장인물끼리 주고받는 말 • 독백: 한 명의 등장인물이 상대 배우 없이 혼자 하는 말 • 방백: 관객에게만 들리고 다른 배우들은 못 듣는 것으로 약속하고 하는 말
지시문	인물의 말과 행동, 무대 장치와 분위기를 지시하는 글

✅ 시나리오

1. **영화나 드라마 상영**을 목적으로 하는 대본이다.

2. 시나리오의 구성 요소: 해설, 대사, 지시문(지문), 장면 표시

해설	시나리오 서두에 등장인물, 배경 등을 설명하는 글
대사	등장인물의 대사(대화, 혼잣말)
지시문	등장인물의 행동과 표정, 효과음, 카메라 위치 등을 지시하는 글
장면 표시	장면의 순서, 위치, 시간의 흐름, 장소의 이동을 S#(Scene Number)로 표기

3. 시나리오의 주요 용어

S#	장면 번호	F.O. (Fade Out)	페이드아웃 화면이 점점 어두워지는 것
NAR. (Narration)	내레이션 장면에 대한 해설	O.L. (Over Lap)	오버랩 앞 화면에 뒤의 화면이 포개어지는 것
F.I. (Fade In)	페이드인 화면이 점점 밝아지는 것	C.U. (Close Up)	클로즈업 특정 부분을 두드러지게 확대하는 것

● 희곡과 시나리오의 공통점과 차이점

	희곡	시나리오
공통점	• 작가의 상상력으로 꾸며 낸 글이다. • 등장인물의 대사와 행동으로 사건이 전개된다. • 대립과 갈등이 나타나며, 현재 진행형의 문학이다.	
차이점	• 연극 상연이 목적이다. • 장과 막으로 구성된다. • 시간, 공간, 등장인물 수의 제약이 많다.	• 영화나 드라마 상영이 목적이다. • 장면(Scene)으로 구성된다. • 시간, 공간, 등장인물 수의 제약이 적다.
작품 예시	희곡의 구성단위 ← 막이 오른다. 형과 아우, 들판에서 그림을 그리고 있다. 형은 무대의 오른쪽에서, 아우는 왼쪽에서 수채화를 그린다. (중략) → 무대 지시문 형 야, 멋진데! 아주 멋지게 그렸어! 아우 경치가 좋으니까 그림이 잘 그려져요. 　　　　→ 대사 　　　　　　　　　　　　　　- 이강백, 〈들판에서〉	→ 장면 표시 S#10. 동네 운동장 / 낮 달리고 있는 경숙의 자전거를 쫓아 열심히 뛰고 있는 초원. 　　　　　　→ 지시문 경숙 (뒤돌아보며) 뛰어! 잘한다. 　계속 뛰어!! 　　　→ 대사 　　　　　　　　　　- 윤진호 외, 〈말아톤〉

🔍 정답과 해설 **06**쪽

개념 체크 **1** 다음 설명이 맞으면 ○, 틀리면 ✕ 표시를 하세요.

(1) 희곡은 장과 막으로, 시나리오는 장면(S#)으로 구성된다. ·································· (　　)

(2) 희곡의 대사 중 독백은 관객에게만 들리고 다른 배우들은 못 듣는 것으로 약속하고 하는 말이다. (　　)

(3) NAR.은 시나리오의 장면을 표시하기 위한 용어이다. ····································· (　　)

(4) 희곡은 시간과 공간의 제약이 많지만, 시나리오는 제약이 적다. ····················· (　　)

유형 체크 **2** 이 글과 희곡의 공통점으로 적절한 것을 고르세요.

> S#11. 초원의 집(과거) / 밤
>
> 　중원은 방에서 자고 있고, 초원은 마루에서 자고 있다. 탁자 위에 펼쳐진 플래너에 적힌 빽빽한 일정들… 플래너의 오늘 날짜에 초원이가 혼자서 운동장을 달린 사실을 기록하며 들뜬 표정을 짓고 있는 경숙…
>
> 경숙 엄마가 그랬지? 사람은 누구나 좋아하는게 있는 거라구?
>
> 　　　　　　　　　　- 윤진호 외, 〈말아톤〉

① 장과 막으로 구성된다.

② 영화나 드라마 상영을 위한 대본이다.

③ 시간과 공간, 등장인물 수의 제약이 적다.

④ 작가가 직접 경험한 일을 바탕으로 쓴 글이다.

⑤ 등장인물의 대사와 행동으로 사건이 전개된다.

문제 유형 14 수필의 특징으로 적절한 것은?

유형 분석	수필의 특징 알기 일상의 소재 / 비전문성 / 개성 / 교훈	수필의 종류 알기 경수필과 중수필

한눈에 쏙 개념 잡기 ⊘ ⊖ ⊗

💣 **수필**

1. 개인의 경험, 생각, 느낌을 형식의 제약 없이 자유롭고 솔직하게 쓴 글이다.

① 글의 **소재가 다양**하다.

② 형식이 자유로워 **누구나 쓸 수 있는 글**이다.

③ 글쓴이만의 독특한 **개성**이 잘 나타나 있는 글이다.

④ 글쓴이의 경험에서 비롯된 깨달음을 통해 **교훈**을 주고 **삶을 성찰**하게 한다.

2. 수필의 종류

경수필	일상생활에서 느낀 것을 가볍게 표현한 수필	예 편지, 일기, 기행문, 수기 등
중수필	사회 문제와 같은 무거운 소재를 가지고 논리적으로 쓴 수필	예 칼럼, 평론 등

📀 정답과 해설 06쪽

개념 체크 **1** 다음 빈칸에 들어갈 알맞은 말을 쓰세요.

(1) 수필은 생활에서 경험한 것을 ┌ ㅎ ┊ ㅅ ┐ 에 얽매이지 않고 자유롭게 쓴 글이다.

(2) 수필에는 글쓴이의 독특한 ┌ ㄱ ┊ ㅅ ┐ 이 잘 드러나 있다.

(3) ┌ ㅈ ┊ ㅅ ┊ ㅍ ┐ 은 사회 문제와 같은 무거운 소재를 가지고 논리적으로 쓴 수필이다.

유형 체크 **2** 이와 같은 글의 특징으로 적절한 것을 고르세요.

> 그전까지만 해도 나는 마라톤이란 매력 없는 우직한 스포츠라고밖에 생각 안 했었다. 그러나 앞으론 그것을 좀 더 좋아하게 될 것 같다. 그것은 조금도 속임수가 용납 안 되는 정직한 운동이기 때문에.
>
> 또 끝까지 달려서 골인한 꼴찌 주자도 좋아하게 될 것 같다. 그 무서운 고통과 고독을 이긴 의지력 때문에.
>
> — 박완서, 〈꼴찌에게 보내는 갈채〉

① 전문적인 지식을 갖춘 사람만이 쓸 수 있다.

② 문제 상황을 언급하고 해결 방안을 제시한다.

③ 상상력을 발휘하여 현실에 있음 직한 일을 꾸며 낸다.

④ 발단 - 전개 - 절정 - 하강 - 대단원의 구성 단계가 있다.

⑤ 일상생활에서 경험한 것을 자유롭고 솔직하게 쓴 글이다.

유형 분석	문학의 기능 알기	문학 작품으로 성찰하며 읽기
	재미와 감동 / 삶의 성찰	작품 속 이야기 / 개인의 경험 / 인류 보편의 삶

한눈에 쏙 개념 잡기

● 문학을 통한 삶의 성찰

1. **문학**이란 작가의 생각이나 감정을 글로 표현한 예술로서 시, 소설, 수필, 희곡 등이 있다.

2. 문학 작품과 자아 성찰

① 문학 작품은 재미와 감동을 주고, 삶의 의미와 교훈을 깨닫도록 이끌어 준다.

② 문학 작품을 읽으며 개인의 삶을 성찰하기 위해 다음과 같은 질문을 던져 본다.

> • 작품 속 인물은 어떤 상황인가?
>
> • 작품 속 인물과 비슷한 경험이나 고민이 있는가?
>
> • 작품을 읽기 전과 후에 달라진 점이 있는가?
>
> • 작품 속 인물을 통해 글쓴이가 전하려는 것은 무엇인가?

③ 작품 속 인물의 삶과 경험을 공감하며 개인의 경험과 인간의 보편적인 삶을 관련지어 성찰하는 자세가 필요하다.

성찰하며 읽기의 예

> 그날 나는 내 근육과 뇌에 새겨진 평범한 그러면서 세상을 움직여 온 비밀을 하나 알게 되었다. 일단 안장 위에 올라선 이상 계속 가지 않으면 쓰러진다. 노력하고 경험을 쌓고도 잘 모르겠으면 자연의 판단 본능에 맡겨라. 그 뒤에 시와 춤, 노래와 암벽 타기 그리고 사랑이 모두 같은 원리에 따라 움직인다는 것을 나는 깨달았다. 비록 다 배웠다, 다 안다고 할 수 있는 건 없지만.
>
> – 성석제, 〈어느 날 자전거가 내 삶 속으로 들어왔다〉
>
> → 어떤 일이든지 포기하지 않고 계속 하다 보면 자기도 모르는 사이에 깨닫고 익숙해지겠구나. 무엇을 배우든지 실력이 빨리 늘지 않는다고 속상해하지 말고 때를 기다리는 자세를 가져야지.

정답과 해설 **07쪽**

개념 체크 **1** 다음 설명이 맞으면 ○, 틀리면 ✕ 표시를 하세요.

(1) 문학에는 시, 소설, 수필, 설명문 등이 있다. ·· (　　)

(2) 문학 작품은 독자에게 재미와 감동을 주고 삶의 의미를 깨닫도록 이끌어 준다. ········· (　　)

(3) 작품을 읽으며 삶을 성찰할 때는 자신의 독특한 경험만을 고려해야 한다. ··············· (　　)

초등학교 6학년 겨울, 추첨으로 중학교를 배정받고 보니 읍내에 둘 있는 중학교 중 공립이었고 아버지와 형이 졸업한 전통 있는 학교였다. 문제는 초등학교 때처럼 걸어서 다니기 힘든 거리라는 점이었다. 버스가 다니지 않았고 자가용은 물론 없었다.

내 고향은 분지여서 산으로 둘러싸인 읍내는 평탄했고 집집마다 자전거가 없는 집이 없었다. 그렇긴 해도 아이들을 위해 자전거를 사 주는 부모는 극소수였다. 대부분의 아이들은 성인용 자전거의 삼각 프레임 사이에 다리를 집어넣고 페달을 밟아서 앞으로 진행하는, 곡예를 연상케 하는 자세로 자전거를 탔다. 나는 그런 아이들이 부럽기도 하고 경망스러워 보이기도 해서 운동 신경이 둔하다는 핑계로 자전거를 탈 생각을 하지 않고 있었다. 그러나 이젠 선택의 여지가 없었다. (중략)

그럼에도 불구하고 나는 돌을 딛고 자전거에 올라섰다. 어차피 가지 않으면 안 될 길, 나는 몸을 앞뒤로 흔들어 자전거를 출발시켰다. 자전거는 앞으로 나아가기 시작했다. 페달을 밟지 않고도 가속이 붙었다. 나는 난생처음 봄을 맞는 장끼처럼 나도 모를 이상한 소리를 내지르며 자전거와 한 몸이 되어 달려 내려갔다. 가슴이 터질 듯 부풀었고 어질어질한 속도감에 사로잡혔다. 어느새 내 발은 페달을 차고 있었고 자전거는 도랑과 똥통 옆을 지나고 있었다. 나는 삽시간에 어른이 된 기분으로 읍내로 가는 길을 내달렸다.

그날 나는 내 근육과 뇌에 새겨진 평범한 그러면서도 세상을 움직여 온 비밀을 하나 알게 되었다. 일단 안장 위에 올라선 이상 계속 가지 않으면 쓰러진다. 노력하고 경험을 쌓고도 잘 모르겠으면 자연의 판단 본능에 맡겨라.

그 뒤에 시와 춤, 노래와 암벽 타기 그리고 사랑이 모두 같은 원리에 따라 움직인다는 것을 나는 깨달았다. 비록 다 배웠다, 다 안다고 할 수 있는 건 없지만.

- 성석제, 〈어느 날 자전거가 내 삶 속으로 들어왔다〉

유형 체크

2 이 글의 글쓴이가 처한 상황으로 적절한 것을 고르세요.

① 학비를 벌기 위해 일을 해야 했다.

② 몸이 약해서 오랫동안 병원에 입원했다.

③ 자전거를 타다가 큰 사고를 당해 치료를 받고 있다.

④ 중학교 전학을 앞두고 학업 스트레스에 시달리고 있다.

⑤ 진학할 중학교가 걸어 다니기 힘든 거리에 있어 자전거를 배워야만 했다.

유형 체크

3 이 글의 독자가 자신의 삶을 성찰한 내용으로 가장 적절한 것을 고르세요.

① 학교는 집과 가까운 곳으로 가는 게 좋겠어.

② 자신에게 잘 맞는 일을 배우는 게 중요하구나.

③ 어떤 일을 시작할 때는 신중하게 고민해야겠어.

④ 지나친 노력은 오히려 독이 될 수도 있다는 걸 알았어.

⑤ 멈추지 않고 계속하다 보면 자신도 모르게 깨닫는 순간이 오는구나.

말아톤

윤진호 외

S#8. 초원의 집 / 낮

자폐증에 대한 책이 수북이 쌓인 탁자. 그 옆에 새로 산 플래너를 탁 소리 내며 놓는 경숙.

(1987년이라는 햇수가 보인다)

앞으로 잘 부탁한다는 듯 표지를 한번 쓰다듬은 후 펼쳐 본다. 오늘 날짜 칸에 13:00 언어 훈련

15:00 줄넘기 50회…… 등을 적는다. (중략)

S#9. 산 / 낮

울창한 숲속의 나무들, 그 위로 들리는 경숙과 초원의 보이스 오버.

경숙 이건 나무, 나무 해봐. / 초원 [㉠   ] 나무…

경숙 그렇지!

나뭇잎 사이로 쏟아지는 햇빛… ㉯마치 물을 받듯, 손을 내밀어 햇살을 받는 경숙의 손.

경숙 이건 햇빛. / 초원 [㉡   ] 햇빛…

나뭇가지에 앉은 새가 울고 있다.

경숙 새가 운다 그치? 새는 어떻게 울어?

초원 짹짹.

어디선가 한줄기 바람이 불어오고, 경숙의 머리칼이 살짝 날린다.

경숙 (눈을 감고 바람을 맞으며) 바람.

초원 [㉢   ] 바람…

경숙 [㉣   ] 잘했어… 우리 초원이 어쩜 이렇게 말도 잘할까? (초원을 바
     라본다) 나는 누구야……?

초원 …

경숙 [㉤   ] 누구지, 난?

초원 ……엄마

㉥미소를 짓는 그녀의 볼에 흐르는 한줄기 눈물…

경숙 초원인 누구지?

초원 엄마 아들.

💡 **문제 유형으로 분석하기**

문제 유형 테마 1

극이란 무엇인가

① 이 글은 영화 상영을 목적으로
   쓴 [시ㄴㄹㅇ]이다.

② 등장인물의 [ㄷㅅ]와
   [ㅎㄷ]으로 사건이 전개된다.

③ 주인공 초원이는
   [ㅈㅍㅈ]을 앓고 있으며
   경숙은 장애가 있는 아들을 위해
   헌신적으로 노력하는 어머니이다.

1 이와 같은 글의 특징으로 적절한 것은?

① 장과 막으로 구성된다.

② 무대 상연을 목적으로 쓴 글이다.

③ 촬영을 위한 특수 용어가 사용된다.

④ 시간과 공간의 활용에 제약이 많다.

⑤ 참여하는 등장인물 수에 제한이 있다.

2 ㉠~㉤에 들어갈 지시문으로 적절하지 않은 것은?

① ㉠: 나무를 만지며

② ㉡: 경숙과 똑같이 손을 내밀며

③ ㉢: 눈을 감고

④ ㉣: 크게 실망한 표정으로

⑤ ㉤: 초원의 입에 귀를 가져다 대며

3 ㉮를 촬영할 때 사용될 시나리오 용어로 적절한 것은?

① E: 효과음

② F.I.: 화면이 차차 밝아짐

③ NAR.: 장면에 대한 해설

④ O.L.: 앞 장면에 뒷 장면이 포개어짐

⑤ C.U.: 특정 부분을 강조하기 위해 확대함

4 S#9를 촬영하기 전 계획한 내용으로 적절하지 않은 것은?

① 자연의 푸름을 만끽할 수 있는 울창한 숲을 촬영지로 정한다.

② 경숙과 초원이 숲속을 천천히 거니는 모습을 한 화면에 담는다.

③ 초원이는 엄마와 이야기하는 장면에서도 자폐 장애의 특성이 잘 드러나도록 연기한다.

④ 경숙은 초원이 자연을 느끼고 어떻게 반응하는지 살피기 위해 초원에게서 시선을 떼지 않도록 한다.

⑤ 숲속에서 새가 짹짹 우는 것을 실감 나게 보여 주기 위해 실물과 흡사한 새 모형을 준비해 두도록 한다.

5 ㉯의 이유를 추측한 것으로 가장 적절한 것은?

① 태현: 갑자기 불어오는 바람에 눈이 시려서 눈물이 나왔나 봐.

② 은지: 숲속 풍경의 아름다움에 벅차올라 눈물을 글썽였구나.

③ 민서: 오랜만에 아들과 함께 시간을 보내게 되어 기뻤던 거야.

④ 미래: 줄곧 말을 못 하던 초원이가 드디어 입을 열어서 놀랐구나.

⑤ 민규: 자폐증을 앓는 초원이가 자연을 느끼고 엄마라고 불러 주자 감격하고 있어.

6 이 글을 읽고 독자가 느낀 점으로 적절하지 않은 것은?

① 초원이가 장애를 안고 태어난 사연이 너무 안타까워.

② 장애를 극복하며 점점 성장해 갈 초원이의 모습이 기대돼.

③ 서툴지만 초원이는 조금씩 자연과 세상을 알아가고 있구나.

④ 자폐증을 앓고 있는 아들을 위해 헌신하는 경숙의 모습은 숭고하기까지 해.

⑤ 지금껏 경숙이 초원이를 위해 한 노력이 결코 헛되지 않은 것 같아 다행이야.

촌스러운 아나운서

이금희

㉮ 화면에 모습을 비춰야 하는 직업이라서 아나운서에게는 화장, 머리 모양, 의상 등이 중요하다. 그런데 그런 쪽에는 도통 관심도 없었고 눈썰미도 없었던 나로서는 동기들에 비해 뒤처질 수밖에……. (중략)

그래서 어리석게도 ㉠황새 따라가는 뱁새 같은 짓을 하기 시작했다. 그들이 고급 브랜드 옷을 입으면 나는 남대문 시장이나 강남 고속버스 터미널 지하로 가서 비슷한 의상을 사들였다. 화장품도 이것저것 사서 얼굴에 덕지덕지 발랐다. 눈썹도 더 진하게, 입술 색깔도 더 강렬하게……. (중략) 그러다 보니 어딘지 내 색깔이 없어져 가는 것 같았다. 화면에 나온 내 모습은 내가 봐도 어색하기만 했고, 옷도 남의 옷을 빌려 입은 듯 불편했다.

그러면서 점차 깨닫게 된 것이 바로 '나다움'이었다. 아무리 그들을 의식하고 흉내 낸다 하더라도 나는 결국 나이다. 나는 어떻게 해도 그들이 될 수 없다. 그들을 좇아가려고 애쓰다 보면 결국 나다운 것조차 잃어버리게 된다.

그런 사실을 깨닫게 된 것은 당시에 맡았던 프로그램들 덕분이었다. 신입 사원 시절에 맡게 된 '전국 어린이 동요 대회'와 '6시 내 고향'. 나중에 알게 된 사실이었지만 당시 그 프로그램의 담당자들은 다른 것이 아닌 나의 그 (㉡), 즉 소박함을 높이 사서 진행자로 추천했다는 것이다.

누에와 천재

유달영

㉯ "예전 노인들이 그러시는데, 누에를 먹기만 하면 사람들도 비상한 재주가 생긴대. 그러나 그것을 어떻게 먹을 수가 있어야지." (중략)

"이런 거 다섯 마리만 먹어 놓는다면, 나는 ⓐ힘 안 들이고 학기마다 첫째를 하고 우등상을 타게 될 것이다." 이렇게 생각하니 용기가 솟아나고 앞이 환해지는 것 같았다. 누에를 먹으려는 나의 결심은 이제 무엇으로도 돌이킬 수가 없을 정도로 확고해져 있었다. 누에 꽁지를 쥐고 쳐들어 입에다 넣으려고 하니, 누에가 머리를 내두르며 손가락에 들러붙는 것이었다. 그러나 이미 결심이 이처럼 굳게 섰으니 놓아줄 수야 있겠는가? 눈을 꼭 감고 입을 크게 벌리고 누에를 입 속으로 집어넣었다. (중략)

그런데 웬일인지 이렇게 힘들여서 먹은 ⓑ누에의 효과는 도무지 나타나지를 않았다. '며칠 후부터는 ⓒ비상한 재주가 나올는지 모르지. 아니 몇 달 후부터는 비상한 재주가 나올는지 모르지.' 하고 끈덕지게 기다려 보았으나, ⓓ전에 없던 재주가 솟아나는 것 같지도 않고, 숙제도 꼬박꼬박 힘들여 해 가야 했다.

지금도 섶에 올린 굵다란 누에를 볼 때마다 ⓔ내 어릴 적의 철없던 일을 회상하고 혼자 웃는 일이 있다. 그리고 이런 생각을 해 본다. 만일 그 다섯 마리의 누에가 내 배 속에 들어가서, 그들의 비상한 재주를 정말로 내게 주어서 내가 비상한 재주꾼이 되었다고 가정해 보자. 나는 필연코 지금쯤은 그 재주를 믿고서 교만하고 게을러져서 어떤 어둡고 슬픈 골짜기 속에 떨어져 헤매고 있을지도 모른다.

문제 유형 테마 2

1 ㉮와 같은 글의 특징으로 적절한 것은?

① 유용한 정보를 전달하는 글이다.

② 무대 상연을 목적으로 쓴 글이다.

③ 주장을 논리적으로 설득하기 위한 글이다.

④ 형식에 얽매이지 않아 누구나 쓸 수 있는 글이다.

⑤ 실제 사건을 육하원칙에 따라 자세하고 체계적으로 쓴 글이다.

문제 유형 테마 2

2 ㉠에 해당하는 예로 가장 적절한 것은?

① 유행하는 운동화를 산 친구를 보고 질투하는 소라

② 전교 1등 하는 친구를 보고 자극 받아 공부하는 민영

③ 자신보다 힘든 처지에 있는 사람들을 위해 돈을 기부한 여진

④ 인기 절정의 아이돌이 하고 다니는 것을 그대로 따라 사는 예은

⑤ 성적이 목표한 만큼 나오지 않았지만 만족하고 다음 시험 준비에 임하는 희아

문제 유형 테마 2

3 ㉡에 들어갈 말로 적절하지 <u>않은</u> 것은?

① 다정함   ② 세련됨   ③ 순수함

④ 정겨움   ⑤ 친근함

문제 유형 테마 2

4 ㉯에 대한 설명으로 적절한 것은?

① 비유를 통해 누에의 모습을 생생하게 표현했다.

② 누에를 집어삼키는 장면을 생동감 있게 묘사했다.

③ 인물의 외적 갈등을 통해 글의 긴장감을 더하고 있다.

④ 속담이나 격언을 사용해 간접적으로 주제를 암시했다.

⑤ 의도하는 바를 반대로 표현하여 전하고자 하는 의미를 강조했다.

문제 유형 테마 2

5 ⓐ~ⓔ 중 의미하는 바가 <u>다른</u> 것은?

① ⓐ   ② ⓑ   ③ ⓒ

④ ⓓ   ⑤ ⓔ

문제 유형 테마 2

6 ㉮와 ㉯를 읽고, 독자가 자신의 삶을 성찰한 내용으로 가장 적절한 것은?

	가	나
①	항상 검소하게 절약하며 살자.	열심히 공부해서 성공한 삶을 살자.
②	나다움을 잃지 말고 스스로를 사랑하자.	꾸준히 노력하는 마음가짐을 갖자.
③	어려운 이웃을 돌아보고 베풀며 살자.	겸손함을 최고의 미덕으로 알고 살자.
④	주변 사람들과 좋은 관계를 맺자.	시기와 질투심을 버리고 배려하는 마음을 갖자.
⑤	외면보다는 내면을 가꾸는 삶을 살자.	어린 시절의 추억을 소중히 여기자.

이 단원에서 만나게 될
테마와 유형

문제 유형 테마 ➊

무엇을 어떻게 예측하며 읽는가 ▶ 배경지식 / 예측 방법 / 읽기 전·중·후

문제 유형 ⑯	글을 읽기 전에 예측하기 위한 활동으로 적절한 것은?
문제 유형 ⑰	다음에 이어질 내용으로 적절한 것은?
문제 유형 ⑱	글을 읽고 난 후 독자의 반응으로 적절한 것은?

문제 유형 테마 ➋

어떻게 요약하는가 ▶ 선택·삭제·일반화·재구성 / 글의 특성에 따른 요약 방법

| 문제 유형 ⑲ | 이 글의 내용을 요약하는 방법으로 적절하지 않은 것은? |
| 문제 유형 ⑳ | 이 글을 요약한 내용으로 적절한 것은? |

4. 예측 · 요약하며 읽기

예측하기

배경지식
경험
읽기 전

이다음에
이어질 내용은?
읽는 중

이 글이
미칠 영향은?
읽은 후

요약하기

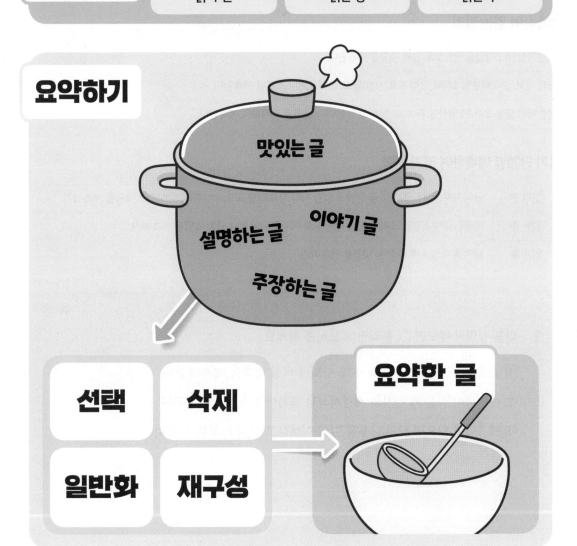

맛있는 글

이야기 글

설명하는 글

주장하는 글

선택　삭제

일반화　재구성

요약한 글

문제 유형 테마 ❶
무엇을 어떻게 예측하며 읽는가

필수 개념 배경지식 / 예측 방법 / 읽기 전·중·후

문제 유형 ⑯ 글을 읽기 전에 예측하기 위한 활동으로 적절한 것은?

문제 유형 ⑰ 다음에 이어질 내용으로 적절한 것은?

문제 유형 ⑱ 글을 읽고 난 후 독자의 반응으로 적절한 것은?

유형 분석	예측하며 읽는 방법 알기 배경지식 / 경험 / 글의 정보 / 사회·문화적 상황	읽기 단계별 예측하며 읽기 읽기 전·중·후

한눈에 쏙 개념 잡기

💿 예측하며 읽기

- 배경지식이나 경험, 글의 정보를 바탕으로 글의 전개나 글쓴이의 의도, 글이 주는 영향력 등을 짐작하며 읽는 것이다.

- 예측하며 읽으면 능동적으로 글에 집중하기 때문에 내용을 깊이 이해하고 오래 기억할 수 있다.

💿 예측하며 읽는 방법

배경지식이나 경험을 바탕으로 글의 내용을 예측한다.
글의 정보(글의 제목 및 소제목, 그림, 도표, 사진)를 보고 내용이나 흐름을 예측한다.
글쓴이가 글을 쓰는 데 영향을 준 사회·문화적 상황이나 목적을 고려하며 예측한다.

💿 읽기 단계별 예측하며 읽기 전략

읽기 전	글의 제목, 차례, 글쓴이, 글 안에 포함된 시각 자료(그림, 도표, 사진 등)를 바탕으로 내용을 예측하기
읽는 중	배경지식이나 경험, 소제목 등을 바탕으로 이어질 내용이나 글의 결말을 예측하기
읽은 후	글이 독자 및 사회에 미칠 영향을 예측하기

🔍 정답과 해설 **09**쪽

개념 체크 **1** 다음 설명이 맞으면 ○, 틀리면 ✕ 표시를 하세요.

(1) 글을 읽기 전에는 글이 독자 및 사회에 미칠 영향을 예측해 본다. ·········· ( )

(2) 예측하며 읽을 때 독자의 배경지식과 경험이 유용하게 활용된다. ·········· ( )

(3) 예측하며 읽으면 글의 내용을 깊이 이해하고 오래 기억할 수 있다. ·········· ( )

사람들은 왜 극히 제한된 정보로 형성된 첫인상을 바꾸려고 하지 않을까? 여기에는 여러 가지 원인이 있겠지만 가장 중요한 원인은 우리들 마음속에 있는 '가설 검증 바이어스'이다.

첫인상이 형성되고 난 다음에 사람들은 자신의 판단이 옳다는 걸 증명하는 정보만 선택적으로 받아들이고 자신이 내린 판단에 들어맞지 않는 정보는 무시하거나 쉽게 잊어버린다. 뚱뚱한 사람은 절제력이 부족하다고 생각하는 사람은 ⃞ㅤ ㉠ ㅤ⃞. 이 사람은 이러한 과정을 거듭하면서 자기의 생각이 옳다고 제멋대로 확신해 버린다. 이러한 현상을 사회 심리학에서는 '가설 검증 바이어스'라고 부른다.

– 이철우, 〈관계는 첫인상부터 시작된다〉

유형체크 2 이 글을 읽기 전에 예측하기 위한 활동으로 적절하지 <u>않은</u> 것을 고르세요.

① 글의 제목을 보고 '관계'와 '첫인상'의 관련성을 짐작해 본다.

② 부모와 자녀의 원만한 관계 형성 방법을 다룬 책 내용을 떠올린다.

③ 첫인상이 좋은 사람과 나쁜 사람은 어떤 차이가 있을지 생각해 본다.

④ 글쓴이가 어떤 사람이고 그동안 어떠한 주제의 글을 써 왔는지 검색해 본다.

⑤ 지금껏 만난 사람들의 첫인상을 떠올리며 관계 형성에 어떤 영향을 주었는지 생각해 본다.

유형체크 3 ㉠에 들어갈 내용으로 적절한 것을 고르세요.

① 뚱뚱한 사람과 날씬한 사람의 행동을 비교한다.

② 뚱뚱한 사람이 절제력을 상실한 행동만을 기억한다.

③ 자신이 뚱뚱해지지 않기 위해서 피나는 노력을 한다.

④ 뚱뚱한 사람 주변에 머물지 않기 위해 자리를 피한다.

⑤ 뚱뚱한 사람에게서 부지런하게 움직이는 모습을 발견하려고 애쓴다.

유형체크 4 이 글을 읽고 난 후 독자의 반응으로 가장 적절한 것을 고르세요.

① 처음 만나는 사람을 자세히 관찰할 필요가 없겠어.

② 사람들은 지나칠 정도로 외모 가꾸기에 힘쓰고 있구나.

③ 사람들은 정보를 객관적으로 받아들이고자 끊임없이 노력하고 있어.

④ 사람들은 첫인상에 대한 자신의 판단이 옳다는 걸 증명하고 싶어 하는구나.

⑤ 뚱뚱한 사람은 절제력이 부족해서 인간관계의 어려움을 겪을 수도 있겠어.

문제 유형 ⑲ 이 글의 **내용을 요약하는 방법**으로 적절하지 않은 것은?

문제 유형 ⑳ 이 글을 **요약한 내용**으로 적절한 것은?

유형 분석	글을 요약하는 방법 알기 선택 / 삭제 / 일반화 / 재구성	글의 종류에 따라 요약하는 방법 알기 설명하는 글 / 주장하는 글 / 이야기 글

한눈에 쏙 개념 잡기

● **요약하며 읽기**
- 글을 간추려 **핵심 내용**이 잘 드러나게 정리하며 읽는 것이다.
- 요약하며 읽으면 글의 **구조를 파악**하기 쉽고 **내용을 효과적이고 체계적으로 기억**할 수 있다.

● **요약하는 방법**

선택	글의 중심 내용이 명확하게 드러나는 핵심어 혹은 문장을 선택하기
삭제	중요도가 떨어지거나 반복되는 내용, 구체적인 예시 등을 삭제하기
일반화	구체적이고 개별적인 내용을 한데로 모아 이를 포괄하는 말로 묶어 내기
재구성	중심 문장이 확실하게 드러나지 않을 경우 주어진 내용을 바탕으로 새로운 중심 문장을 만들기

● **글의 종류에 따른 요약하기**

설명하는 글	설명하는 대상이 무엇인지 파악하고 중요한 정보만을 골라 간추린다.
주장하는 글	글쓴이의 주장이 무엇인지 파악하고 뒷받침하는 근거를 체계적으로 정리한다.
이야기 글	인물, 사건, 배경과 이야기 속 갈등 전개를 바탕으로 줄거리가 잘 드러나게 요약한다.

 정답과 해설 09쪽

개념 체크 **1** 다음 빈칸에 들어갈 알맞은 말을 쓰세요.

(1) 요약하며 읽기는 글을 간추려서 ㅎ ㅅ 이 잘 드러나게 정리하는 것이다.

(2) 주장하는 글을 요약할 때는 글쓴이의 ㅈ ㅈ 을 중심으로 근거를 정리하며 간추린다.

(3) 이야기 글을 요약할 때는 갈등 전개를 바탕으로 ㅈ ㄱ ㄹ 가 잘 드러나게 요약한다.

(4) 구체적이고 개별적인 내용을 한데 모아 이를 포괄하는 말로 묶어 내는 걸 ㅇ ㅂ ㅎ 라고 한다.

2013년 1월 13일 하와이 바다에서 쥐가오리의 군무를 구경하던 잠수부들에게 돌고래 한 마리가 다가와 주변을 맴돌기 시작했다. 자기 몸을 바위에 비비곤 자꾸 가까이 다가오는 돌고래의 행동을 이상하게 여긴 잠수부 한 사람이 유심히 살펴보니 그 돌고래의 몸에는 낚싯바늘이 박혀 있었고 지느러미는 온통 낚싯줄로 뒤엉켜 있었다. 돌고래는 자칫 흉기로 보일 수 있는 펜치까지 꺼내든 잠수부가 낚싯줄을 제거하기 쉽도록 지느러미 부위를 잠수부 쪽으로 들이대며 침착하게 행동했다.

2011년 2월 14일 밸런타인데이에 캘리포니아만으로 고래 관광을 나간 한 미국인 가족은 그물에 얽힌 혹등고래 한 마리를 발견한다. 한참 동안 근처에 머물렀으나 아무런 움직임이 없어 죽은 줄 알았는데 갑자기 고래가 몸을 수면 위로 더 끌어올리곤 숨을 내쉬는 것이었다. 위험을 무릅쓰고 곧바로 물로 뛰어든 남성은 고래의 몸에 엄청난 양의 그물이 엉켜 있는 걸 발견했다. 물속에서 고래와 눈이 마주쳤을 때 그는 말로 할 순 없었지만 꼭 돕겠다는 뜻을 전달하고 싶었다고 했다. 한 시간이나 걸린 세 남자의 노력으로 고래는 드디어 자유의 몸이 되었다. 죽어가던 고래를 살렸다는 뿌듯함에 서로에게 축하 인사를 하던 이들에게 150미터쯤 헤엄쳐가던 돌고래는 돌연 기진맥진했을 몸으로 엄청난 '쇼'를 선사했다. 한 시간도 넘게 공중 곡예를 선사한 고래의 행동은 감사의 표시라고 보지 않을 수 없는 장면이다.

- 최재천, 〈인간에게 도움을 청하는 동물들〉

유형 체크 **2** 이 글의 내용을 요약하는 방법으로 적절하지 <u>않은</u> 것은?

① 글의 중심 내용이 드러나는 핵심어를 찾는다.

② 주어진 내용을 바탕으로 중심 문장을 만든다.

③ 개별적인 내용을 한데로 모아 이를 포괄하는 말로 묶어 낸다.

④ 글에서 중요도가 떨어지는 내용이나 반복되는 예시는 삭제한다.

⑤ 글쓴이의 주장이 무엇인지 파악하고 뒷받침하는 근거를 정리한다.

유형 체크 **3** 이 글을 요약한 내용으로 가장 적절한 것은?

① 고래는 사람을 두려워하지 않는 동물이다.

② 위험에 처한 동물들이 인간에게 도움을 구하기도 한다.

③ 바다가 심각하게 오염되어 고래가 살 곳을 잃어 가고 있다.

④ 불법으로 고래를 사냥하는 사람들을 엄격히 단속해야 한다.

⑤ 잠수부들은 바닷속에서 희귀한 바다 생물과 마주치기도 한다.

세계가 극찬한 우리 문자

김슬옹

가 '세종(7365 Sejong, 1996 QV1)'은 화성과 목성 사이의 소행성으로 1996년 일본의 천문학자 와타나베 가즈오가 처음 발견하였다. 그는 도쿄 천문 대학교 후루카와 기이치로 교수의 추천을 받아 자신이 발견한 별의 이름을 '세종'이라고 붙였다. 세종 대왕 탄신 600돌을 기념해 이뤄진 일이다. 가깝고도 먼 나라인 일본의 학자가 붙인 이름이라 그 사연이 더욱 궁금하다.

나 발견한 별에 다른 나라 왕의 이름을 붙인 까닭을 묻는 기자들의 질문에 와타나베 가즈오는 지금까지 세종보다 대단한 임금을 본 적이 없다고 대답했다. 그는 알렉산더 대왕은 다른 나라를 정복하며 살생하는 데 앞장섰지만 세종 대왕은 백성을 위해 문자를 만든 군주였다고 설명하며 세종이 세상에서 가장 위대한 임금이라고 생각했다는 것이다.

다 우리가 세종의 한글 창제와 반포 정신을 되새기고 기려야 하는 이유이기도 하다.
_{세상에 널리 퍼뜨려 모두 알게 함}
누구나 표현할 권리와 자유를 이야기할 때, 문자를 통한 소통은 가장 고귀한 가치요, 정신일 것이다.

라 이 세상의 모든 문자는 그 나름의 역사와 가치를 지니고 있다. 따라서 어느 문자가 다른 문자보다 더 우수하다고 평가할 수는 없다. 그러나 문자가 가져야 할 이상적인 가치와 특성은 있게 마련이다. 해당 언어의 특성을 반영한 과학성, 다른 문자가 넘볼 수 없는 독창성, 누구나 쉽게 배울 수 있는 보편성을 가진 문자라면 우리는 그 문자를 우수하다고 할 수 있을 것이다.
_{모든 것에 두루 미치는 성질}

마 소설 『대지』, 『살아 있는 갈대』로 유명한 소설가 펄 벅은 "한글은 24개의 알파벳으로 이루어진 세계에서 가장 단순한 문자 체계이지만 한글을 조합하면 어떤 언어라도 표기할 수 있다. 세종 대왕은 한국의 레오나르도 다빈치"라고까지 극찬했다.

바 훈민정음을 천지자연, 우주 자연의 문자라고 한다. 그것은 자연과 사람의 말소리에 담긴 이치를 반영하여 문자를 만들었기 때문이다. 세종은 음악, 천문, 철학 등의 연구를 통해 자연의 이치와 말소리의 이치를 분석했고 그것을 바탕으로 문자를 만들었다.

💡 **문제 유형으로 분석하기**

문제 유형 테마 ①

무엇을 어떻게 예측하며 읽는가

① **읽기 전 예측하기**

> '세계가 극찬한 우리 문자'라는 ☐ㅈ☐ㅁ으로 세계에서 인정받을 만한 한글의 우수성을 설명하는 내용이 전개될 것이라 예상해 본다.

② **읽는 중 예측하기:** ☐ㅂ☐ㄱ☐ ☐ㅈ☐ㅅ과 경험을 바탕으로 예측하기

> 글을 읽지 못해 어려움을 겪는 백성들을 안타깝게 생각했던 세종 대왕의 애민 정신을 떠올리며 누구나 쉽게 배울 수 있도록 만든 한글이 가진 ☐ㅂ☐ㅍ☐ㅅ이 세계가 극찬하는 이유 중 하나라고 짐작해 본다.

③ **읽은 후 예측하기:** 글이 ☐ㄷ☐ㅈ☐와 사회에 미칠 영향 예측하기

> 독자는 문자가 가져야 할 이상적인 ☐ㄱ☐ㅊ를 지닌 한글에 자부심을 갖고, 누구나 쉽게 배우도록 설계된 한글의 과학적 원리에 관심이 커질 것으로 예측해 본다.

문제 유형 테마 **1**

1 이 글을 예측하며 읽는 방법으로 적절하지 <u>않은</u> 것은?

① 글 속에 등장하는 정보의 출처가 믿을 만한지 검토해 본다.

② 이 글이 쓰이는 데 영향을 준 사회·문화적 상황을 떠올려 본다.

③ 글을 읽기 전에 글의 제목이나 소제목으로 글의 내용을 짐작해 본다.

④ 읽기 전에 자신의 배경지식과 경험을 활용하여 글의 내용을 예측해 본다.

⑤ 이 글을 쓴 사람이 누구인지 검색해 보고, 어떤 분야에 관한 글일지 예상해 본다.

문제 유형 테마 **1**

2 이 글을 읽기 전에 예측하기 위한 질문으로 적절하지 <u>않은</u> 것은?

① 글쓴이는 무엇을 연구하는 사람일까?

② 한글이 다른 문자보다 우수한 점이 무엇일까?

③ 우리 문자라면 한글에 대해 설명하는 글이겠지?

④ 한글의 어떠한 점이 세계에서 극찬 받았던 걸까?

⑤ 이 세상에 문자를 쓰지 않는 사람들은 얼마나 될까?

문제 유형 테마 **1**

3 [보기]의 배경지식을 활용하여 글쓴이의 의도를 예측한 내용으로 가장 적절한 것은?

> 보기
>
> 미국에서 10년간 외국인 대학생을 대상으로 한글을 가르쳐 본 교수가 말하기를 학생들이 한글을 배운 지 50분 만에 자신의 이름을 한글로 쓰고, 간단한 단어를 읽을 수 있다고 했다.

① 미국에서 한글이 크게 유행하고 있다.

② 한국어에 관심을 갖는 외국인들이 늘고 있다.

③ 한글의 세계화를 위해 더욱 힘써 노력해야 한다.

④ 한글을 체계적으로 교육하는 시스템이 필요하다.

⑤ 한글은 누구나 쉽게 배울 수 있는 과학적인 문자이다.

문제 유형 테마 **1**

4 가~마를 읽으며 이어질 내용을 예측한 것으로 적절하지 <u>않은</u> 것은?

① 가: 일본의 천문학자가 소행성 이름을 '세종'이라고 붙인 이유가 나오겠군.

② 나: 백성을 위해 헌신했던 일본 왕의 이야기를 덧붙이겠군.

③ 다: 한글 창제와 반포 정신을 기려야 하는 이유가 나오겠군.

④ 라: 한글이 가진 우수성에 대한 설명이나 평가가 나오겠군.

⑤ 마: 한글이라는 문자 체계가 어떻게 만들어졌는지 자세히 설명하겠군.

문제 유형 테마 **1**

5 마 뒤에 이어질 내용으로 적절한 것은?

① 세종 대왕이 왕위에 오른 사연

② 훈민정음과 유사한 형태를 가진 문자

③ 훈민정음 말소리에 담긴 과학적 원리

④ 훈민정음으로 표기할 수 없는 말소리의 예

⑤ 세종 대왕이 연구했던 음악과 천문 분야의 발전

문제 유형 테마 **1**

6 이 글을 읽고 난 후 독자의 반응으로 적절하지 <u>않은</u> 것은?

① 한글은 세계에서도 인정받는 우수한 문자이구나.

② 한글은 24개의 문자로 여러 가지 소리를 만들어 낼 수 있구나.

③ 세종 대왕은 다른 나라 사람들에게도 존경받는 위인이구나.

④ 문자는 누구나 배울 수 있도록 쉽게 만들지 않으면 가치가 없구나.

⑤ 훈민정음은 음악, 천문 등 다양한 분야의 연구가 밑바탕이 되어 만들어진 문자구나.

"너 자신을 알라!"가 소크라테스의 말이라고?

강성률

㉠ "너 자신을 알라!"라고 하는 유명한 말은 소크라테스가 한 것으로 흔히들 알고 있다. ㉠그러나 그것은 이미 고대 그리스의 아폴론 신을 모시는 델포이 신전 현관 기둥에 새겨져 있었다. 비명(비석에 새긴 글)이라고도 알려진 그 말의 원래 의미는 "유한한 존재인 너희들 인간은 전지전능한 신에 대해 감히 도전할 생각일랑 말아라!"였다. 이에 대해 좀 더 알아보도록 하자.

㉯ 소크라테스의 나이 40세 무렵에 그의 친구이며 제자였던 카이레폰이 델포이 신전에 가서 아폴론 신에게 물었다.

"아테네에서 가장 현명한 사람이 누구입니까?"

이에 대해 신전의 무녀는 다음과 같이 대답했다.

"소포클레스는 현명하다. 에우리피데스는 더욱 현명하다. ㉢그러나 소크라테스는 모든 사람 중에서 가장 현명하다."

카이레폰은 이 신탁을 듣고 대단히 기뻐 즉시 소크라테스에게 이 소식을 전하였다. 그러나 이를 전해 들은 소크라테스는 도리어 크게 놀랐다. 그 스스로 무지하다는 사실을 잘 알고 있었기 때문이다. 그는 이 신탁을 확인하려고 자타가 현명하다고 공인하는 사람들을 찾아가서 여러 가지를 물어보았다. 그런데 그 사람들은 참된 지혜를 알지 못하면서도 아는 것처럼 자만하고 있었다. 말하자면, 그들은 스스로 무지하다는 사실조차도 모르고 있었던 것이다. 현자로 자처한 사람들의 입장을 '무지의 무지'라고 한다면, 소크라테스에 대해서는 '무지의 지'라고 말할 수 있겠다.

㉢그리하여 평소에 신전 기둥의 비석에 새겨진 글을 자주 외고 다녔던 소크라테스 자신이야말로 그들보다 적어도 한 가지 사실을 더 알고 있었고, 바로 이것이 소크라테스에게 가장 현명한 아테네인으로 신탁이 내려진 이유였다.

㉰ 이러한 사정으로 보아, 소크라테스는 인간의 지혜가 신에 비하면 하찮은 것에 불과하다는 사실을 잘 알고 있었던 것 같다. ㉣이와 관련하여, 성경에도 "하나님의 어리석음이 사람보다 지혜롭고, 하나님의 약하심이 사람보다 강하니라"(고린도 전서 1:25)라는 대목이 나온다. 그리하여 소크라테스는 무엇보다 먼저 자기의 무지를 아는 것이 철학의 출발점임을 인식하였던 것이다.

㉱ 모든 진리는 무지를 자각하는 사람에게서만 파악된다. 진정한 진리는 그 앞에서 겸손한 자에게만 나타난다. 왜냐하면, 자신의 무지를 자각한 사람만이 지혜를 사랑하게 될 것이기 때문이다. 또한 애지자만이 영혼을 잘 가꾸어 진정한 행복에 도달할 수 있다. ㉲이렇게 해서 "너 자신을 알라!"라고 하는 유명한 교훈, 즉 비석에 새겨진 글
지혜를 사랑하는 자
은 소크라테스를 거쳐 우리에게까지 전해져 오고 있는 것이다.

💡 **문제 유형으로** 분석하기

문제 유형 테마 ❷

어떻게 요약하는가

설명하는 글은 설명하는 **대상**을 찾아 관련된 **정보**를 골라 간추린다.

가	"너 자신을 알라!"라는 말은 ⎡ㄷㅍㅇ⎤ 신전의 기둥에 새겨진 문구이다.
나	모든 사람 중에서 가장 ⎡ㅎㅁㅎ⎤ 사람이라는 신탁을 받게 된 소크라테스는 현명한 자들을 찾아 나섰다.
다	소크라테스는 자신의 ⎡ㅁㅈ⎤를 알고 있었고, 이것은 철학의 출발점이 되었다.
라	⎡ㅈㄹ⎤ 앞에 겸손했던 소크라테스를 통해 "너 자신을 알라!"라는 말이 지금까지 우리에게 전해져 오고 있다.

1 이와 같은 글을 요약하는 방법으로 적절하지 <u>않은</u> 것은?

① 중요하지 않거나 반복되는 내용은 생략한다.

② 중심 내용이 명확하게 드러나는 핵심어나 문장을 선택한다.

③ 구체적인 사례들이 많을 때는 이를 포괄하는 말로 묶어 낸다.

④ 설명하는 대상이 무엇인지 파악한 후 내용의 중요도가 높은 것을 골라 간추린다.

⑤ 이야기 속 갈등 전개를 바탕으로 인물, 사건, 배경과 줄거리가 잘 드러나게 요약한다.

2 ❹를 한 문장으로 요약한 것으로 적절한 것은?

① 소크라테스는 당대 현명한 자들과 친분이 두터웠다.

② 소크라테스와 카이레폰은 지혜를 탐구하며 가까워진 사이이다.

③ 소포클레스와 에우리피데스는 지혜와 덕망이 높은 자로 이름을 떨치고 있었다.

④ 아테네 신전을 지키는 무녀는 신통력이 뛰어나 소크라테스의 능력을 꿰뚫어 보았다.

⑤ 소크라테스는 스스로 무지하다는 사실을 알고 있었기에 아테네에서 가장 현명하다는 신탁이 내려졌다.

3 이 글을 통해 알 수 있는 내용이 <u>아닌</u> 것은?

① 인간의 지혜에 관한 성경책 구절

② 델포이 신전에서 모시는 신의 이름

③ 델포이 신전 기둥에 새겨진 비석의 문구

④ 소크라테스가 살던 시대에 유행하던 학문

⑤ 소크라테스가 신탁을 전해 들었을 때 나이

4 이 글을 [보기]와 같은 방법으로 요약할 때 ㉠~㉤ 중 삭제할 문장은?

> **보기**
>
> 요약할 때는 중요도가 떨어지거나 반복되는 내용 혹은 구체적인 예는 생략하여 간추린다.

① ㉠ ② ㉡ ③ ㉢

④ ㉣ ⑤ ㉤

5 이 글을 다음과 같이 요약했을 때, <u>잘못</u> 요약된 부분은?

> ① "너 자신을 알라!"라는 유명한 말은 소크라테스가 한 말로 알고 있지만 사실 델포이 신전의 기둥에 새겨진 문구다. ② 카이레폰이 델포이 신전에 갔다가 "소크라테스가 모든 사람 중에서 가장 현명하다"라는 신탁을 듣고 그에게 전했다. ③ 소크라테스는 스스로 학문을 열심히 닦아 왔기에 자부심이 있었지만, 보다 확실히 알기 위해 현명하다 칭송받는 사람들을 찾아다녔다. ④ 그들은 하나같이 정확히 알지 못하면서 마치 아는 체했다. ⑤ 소크라테스는 이들과 달리 자신이 무엇을 모르는지 알고 있었고, 이것이 아테네에서 가장 현명한 자로 신탁이 내려진 이유였다.

6 이 글을 읽고 [보기]의 질문에 대답한 것으로 가장 적절한 것은?

> **보기**
>
> "너 자신을 알라!"라는 말이 소크라테스를 거쳐 오늘날 우리에게까지 전해지고 있는 이유는 무엇일까?

① 소크라테스의 제자 양성에 힘쓰는 사람이었어.

② 소크라테스는 사람들을 위해 헌신하는 사람이었어.

③ 소크라테스는 모든 분야에 해박한 지식을 갖춘 사람이었어.

④ 소크라테스는 미지의 세계를 향한 호기심이 가득한 사람이었어.

⑤ 소크라테스는 겸손한 자세로 참된 지혜를 추구하는 사람이었어.

이 단원에서 만나게 될
테마와 유형

5. 설명하는 글 읽기

설명문

처음	→	중간	→	끝

정의	인과
예시	분석
비교	구분
대조	분류

설명 대상 밝히기	다양한 설명 방법을 사용해 설명 대상을 자세히 설명하기	지금까지 설명한 내용 요약하기

유형 분석	설명문의 구성 알기 처음 – 중간 – 끝	설명문을 읽는 방법 이해하기 객관성 및 설명 방법의 효과성 판단

한눈에 쏙 개념 잡기

◎ 설명문

- 어떤 대상에 대한 **정보나 지식을 객관적으로 전달**하기 위한 글이다.

◎ 설명문의 구성

- 설명문은 '**처음, 중간, 끝**'으로 구성되어 있다.

처음	무엇을 설명할 것인지 설명 대상을 밝힌다.
중간	설명 대상에 맞게 여러 가지 설명 방법을 사용하여 알기 쉽게 설명한다.
끝	설명한 내용을 요약하고 글을 마무리한다.

◎ 설명문을 읽는 방법

중심 소재를 중심으로 내용을 요약하며 읽는다.
글의 내용이 정확하고 객관적인지 판단하며 읽는다.
글에 사용된 설명 방법이 효과적인지 판단하며 읽는다.
설명문의 구성 단계를 고려하여 어떤 내용이 나올지 예측하며 읽는다.

◈ 정답과 해설 **11쪽**

개념 체크 **1** 다음 빈칸에 들어갈 알맞은 말을 쓰세요.

(1) 설명문은 어떤 대상에 대한 정보나 지식을 ⌜ ㄱ ｜ ㄱ ｜ ㅈ ⌟으로 전달하기 위한 글이다.

(2) 설명문을 읽을 때는 글에 쓰인 ⌜ ㅅ ｜ ㅁ ｜ ㅂ ｜ ㅂ ⌟이 효과적인지 판단하며 읽는다.

(3) 설명문의 '⌜ ㅊ ｜ ㅇ ⌟'에서는 무엇을 설명할지 대상이 드러난다.

유형 체크 **2** 설명문의 특징으로 적절하지 <u>않은</u> 것을 고르세요.

① 정보나 지식을 전달하는 글이다.

② '처음 – 중간 – 끝'의 구성 단계를 갖는다.

③ 중심 소재를 중심으로 내용을 요약하며 읽는다.

④ 설명 대상에 맞게 다양한 설명 방법을 활용한다.

⑤ 대상에 대한 글쓴이의 주관적인 견해가 분명하게 드러난다.

| 유형 분석 | 설명문의 내용 파악하기
설명문 구성 단계의 특징 고려하며 읽기 | 설명 방법 구별하기
정의 / 예시 / 비교 / 대조 / 인과 / 분석 / 구분 / 분류 |

한눈에 쏙 개념 잡기

설명문의 내용 파악하기

- '처음, 중간, 끝'의 **설명문 구성 단계 특징**을 고려하며 읽는다.
- **설명 방법**을 파악하여 설명 대상을 자세히 이해한다.
- 중요한 내용은 **밑줄**을 치거나 **메모**하며 읽는다.

설명 방법의 종류

정의	설명 대상의 **뜻을 밝혀** 설명하는 방법
	예 구기 종목이란 공을 가지고 하는 운동 경기를 말한다.
예시	설명 대상과 관련된 **구체적인 예를** 들어 설명하는 방법
	예 여름을 대표하는 과일의 예로 수박, 포도, 참외 등이 있다.
비교	둘 이상의 설명 대상을 **공통점 중심**으로 설명하는 방법
	예 상어와 고래는 둘 다 바다에 산다.
대조	둘 이상의 설명 대상을 **차이점 중심**으로 설명하는 방법
	예 상어는 어류에 속하지만, 고래는 포유류에 속한다.
인과	설명 대상을 **원인과 결과로** 설명하는 방법
	예 지구의 기온이 높아지면 빙하가 녹아서 해수면이 상승한다.
분석	설명 대상을 구성하는 요소나 부분으로 **나누어 설명**하는 방법
	예 곤충의 몸은 머리, 가슴, 배로 나눌 수 있다.
구분	설명 대상을 **일정한 기준에 따라** 나누어 설명하는 방법
	예 창문은 여는 방식에 따라 미닫이, 여닫이, 내리닫이로 나눌 수 있다.
분류	설명 대상을 같은 종류끼리 **묶어서 설명**하는 방법
	예 초등학교, 중학교, 고등학교, 대학교는 모두 학교에 속한다.

 정답과 해설 **11쪽**

1 다음 빈칸에 들어갈 알맞은 설명 방법을 골라 보세요.

(1) 설명 대상의 뜻을 밝혀 설명하는 방법은 (**정의** / **예시** / **대조** / **인과**)이다.

(2) 설명 대상을 원인과 결과로 설명하는 방법은 (**구분** / **분류** / **예시** / **인과**)이다.

(3) 설명 대상을 같은 종류끼리 묶어서 설명하는 방법은 (**분류** / **분석** / **예시** / **정의**)이다.

(4) 둘 이상의 설명 대상을 차이점 중심으로 설명하는 방법은 (**대조** / **분류** / **비교** / **정의**)이다.

2 다음 빈칸에 들어갈 알맞은 말을 골라 보세요.

(1) 예시는 설명 대상과 관련된 구체적인 (**뜻** / **예**)을/를 들어 설명하는 방법이다.

(2) 비교는 둘 이상의 설명 대상의 (**공통점** / **차이점**) 중심으로 설명하는 방법이다.

(3) 구분은 설명 대상을 (**원인과 결과** / **일정한 기준**)에 따라 나누어 설명하는 방법이다.

(4) 분석은 설명 대상을 구성하는 요소나 부분으로 (**나누어** / **묶어서**) 설명하는 방법이다.

3 제시된 예문이 어떤 설명 방법인지 [보기]에서 찾아 쓰세요.

> 보기
>
> 정의   예시   비교   대조   인과   분석   구분   분류

(1) 미세 먼지가 심해지면 마스크 판매가 늘어난다. ⋯⋯⋯⋯⋯⋯⋯⋯⋯⋯ (   )

(2) 나무는 뿌리, 줄기, 가지, 잎으로 이루어져 있다. ⋯⋯⋯⋯⋯⋯⋯⋯⋯ (   )

(3) 판소리 작품의 예로 수궁가, 심청가, 흥부가 등이 있다. ⋯⋯⋯⋯⋯ (   )

(4) 문학이란 인간의 사상과 감정을 언어로 표현한 예술이다. ⋯⋯⋯⋯ (   )

(5) 코끼리, 하마, 얼룩말은 모두 새끼를 낳는 포유류에 속한다. ⋯⋯⋯ (   )

(6) 일본과 영국 두 나라는 주변이 바다로 둘러싸인 섬나라이다. ⋯⋯⋯ (   )

(7) 악기는 소리 내는 방식에 따라 현악기, 관악기, 타악기로 나눌 수 있다. ⋯ (   )

(8) 세균은 스스로 증식하지만, 바이러스는 다른 생물에 의지하지 않으면 살 수 없다. ⋯ (   )

우리가 실생활에서 쓰는 전기가 흐르는 물이라면, 정전기는 높은 곳에 고여 있는 물이다. ㉠정전기의 전압은 수만 볼트(V)에 달하지만, 우리가 실생활에서 쓰는 전기와는 다르게 전류가 거의 없어 위험하지는 않다. 어마어마하게 높은 곳에 고여 있는 물이지만 떨어지는 것은 한두 방울뿐이라 별 피해가 없다고나 할까?

- 김정훈, 〈정전기가 겨울로 간 까닭은〉

유형체크 4 이 글의 중심 내용으로 적절한 것을 고르세요.

① 전류의 개념

② 정전기가 발생하는 과정

③ 전기의 전압을 측정하는 방법

④ 실생활에서 전기를 사용하는 예

⑤ 정전기가 전기와 달리 위험하지 않은 이유

유형체크 5 ㉠에서 쓰인 설명 방법으로 적절한 것을 고르세요.

① 정의를 활용하여 정전기의 개념을 설명하고 있다.

② 인과를 활용하여 정전기가 생기는 원인을 설명하고 있다.

③ 대조를 활용하여 정전기와 전기의 차이점을 설명하고 있다.

④ 예시를 활용하여 정전기와 관련된 구체적인 예를 들어 설명하고 있다.

⑤ 분석을 활용하여 전기의 종류를 구성하는 요소나 부분으로 나누어 설명하고 있다.

유형체크 6 ㉠과 같은 설명 방법을 사용한 문장을 고르세요.

① 곤충의 몸은 머리, 가슴, 배로 나눌 수 있다.

② 끼니를 자주 거르면 면역력이 약해져 병에 걸리기 쉽다.

③ 백합, 보리, 옥수수는 모두 떡잎이 하나인 외떡잎식물이다.

④ 철새는 계절에 따라 옮겨 다니지만, 텃새는 한곳에 정착해서 살아간다.

⑤ 인구 100만이 넘는 광역시의 예로는 인천광역시, 부산광역시, 대전광역시, 광주광역시 등이 있다.

정전기가 겨울로 간 까닭은

김정훈

㉮ ㉠정전기란 전하가 정지 상태로 있어 그 분포가 시간적으로 변화하지 않는 전기 및 그로 인한 전기 현상을 말한다. 쉽게 설명하면 흐르지 않고 그냥 머물러 있는 전기라고 해서 "움직이지 아니하여 조용하다"는 뜻을 가진 한자 '정(靜)'을 써 정전기라고 부르는 것이다.

㉯ 정전기가 생기는 것은 마찰 때문이다. ㉡물질의 기본적 구성단위인 원자는 원자핵과 전자로 이루어져 있다. 전자는 작고 가벼워서 마찰을 통해 다른 물체로 쉽게 이동하기도 한다. 생활하면서 주변의 물체와 접촉하면 마찰이 일어나기 마련인데, 그때마다 우리 몸과 물체가 전자를 주고받으며 몸과 물체에 조금씩 전기가 저장된다. 한도 이상의 전기가 쌓였을 때 전기가 잘 통하는 물체에 닿으면 그동안 쌓였던 전기가 순식간에 불꽃을 튀기며 이동하면서 정전기가 발생하는 것이다.

㉰ 그런데 정전기로 고생하는 정도는 사람마다 다르다. 우리 주변에는 정전기로 유별나게 고생하는 사람이 꼭 있다. 다른 사람이 만졌을 때에는 괜찮았는데 이들이 만지면 어김없이 튀는 정전기. 왜 정전기로 고생하는 정도가 사람마다 다른 것일까?

정전기가 언제 잘 생기는지를 보면 답을 알 수 있다. 우선 정전기는 건조할 때 잘 생긴다. 습도가 높으면 공기 중의 수분이 전하가 흘러갈 수 있는 도체 역할을 하여 정전기가 수시로 방전된다. 따라서 습도가 높으면 정전기도 잘 생기지 않는다. 여름보다 겨울에 정전기가 기승을 부리는 것은 이런 까닭에서이다.

㉱ 그렇다고 정전기가 마냥 해로운 것만은 아니다. 정전기는 우리 생활을 편리하게 하는 데에도 이용되고 있다. 복사기는 정전기를 이용한 대표적인 제품이다. 복사기는 정전기를 이용해 토너의 잉크 가루를 종이에 붙인다. 집진기도 정전기를 이용해서 공기 중의 먼지를 모은다. 식품을 포장할 때 쓰는 랩이 그릇에 잘 달라붙는 것도 정전기 때문이다. 이처럼 정전기는 이롭기도 하고 해롭기도 한 존재다.

㉲ 이제 정전기의 특성을 알았으니 조금만 주의를 기울이면 정전기 때문에 깜짝 놀랄 일을 줄일 수 있다. 구체적으로 어떻게 하면 좋을까?

우선 적절한 습도를 유지할 필요가 있다. 가습기나 어항 등으로 집안 습도를 높이고, 보습 크림을 발라 피부를 촉촉하게 유지하면 도움이 된다. 물을 많이 마시는 것도 피부 상태를 건조하지 않게 하는 데 도움이 된다.

💡 **문제 유형으로 분석하기**

문제 유형 테마 1

설명문이란 무엇인가

이 글은 **어떤 대상에 대한** ☐ㅈ☐ㅂ **나 지식을 객관적으로 전달**하기 위한 설명문이다.

문제 유형 테마 2

무엇을 어떻게 설명하는가

① 이 글에서 설명하고 있는 중심 소재는 ☐ㅈ☐ㅈ☐ㄱ 이다.

②

> 정전기란 전하가 정지 상태로 있어 그 분포가 시간적으로 변화하지 않는 전기 및 그로 인한 전기 현상을 말한다.

여기에서 사용된 설명 방법은 ☐ㅈ☐ㅇ 이다.

③

> 물질의 기본적 구성단위인 원자는 원자핵과 전자로 이루어져 있다.

여기에서 사용된 설명 방법은 ☐ㅂ☐ㅅ 이다.

문제 유형 테마 **1**

1 이와 같은 글의 특징으로 적절한 것은?

① 갈등을 중심으로 사건이 전개된다.

② 어떤 인물의 생애와 업적을 기록한다.

③ 타당한 근거를 바탕으로 주장을 드러낸다.

④ 어떤 대상에 대한 정보를 객관적으로 전달한다.

⑤ 글쓴이의 생생한 경험을 통해 교훈을 일깨운다.

문제 유형 테마 **1**

2 이 글에 등장한 소재가 아닌 것은?

① 전하

② 습도

③ 정전기

④ 청소기

⑤ 복사기

문제 유형 테마 **1**

3 ㉮~㉺의 내용으로 적절한 것은?

① ㉮: 전기의 개념

② ㉯: 정전기가 생기는 원인

③ ㉰: 정전기로 발생하는 피해

④ ㉱: 복사기의 종류

⑤ ㉲: 습도를 낮추는 방법

문제 유형 테마 **2**

4 ㉠과 같은 설명 방법이 쓰인 문장으로 적절하지 않은 것은?

① 음악은 소리로 표현하는 예술이다.

② 쟁기는 논밭을 갈 때 쓰는 농기구이다.

③ 효도는 부모를 정성껏 잘 섬기는 일이다.

④ 심리학은 인간의 의식과 행동을 연구하는 학문이다.

⑤ 씨름은 남성들이 즐기던 놀이이고, 그네는 여성들이 즐기던 놀이이다.

문제 유형 테마 **2**

5 ㉡과 같은 설명 방법이 쓰인 문장으로 적절한 것은?

① 호랑이와 사자는 둘 다 육식 동물이다.

② 현악기의 예로 바이올린, 첼로, 비올라가 있다.

③ 문학은 형태에 따라 시, 소설, 희곡, 수필 등으로 나뉜다.

④ 시계는 태엽, 톱니바퀴, 시침, 분침 등으로 이루어져 있다.

⑤ 무더위가 기승을 부리면 가정 내 전기 사용량이 급증한다.

문제 유형 테마 **2**

6 이 글을 읽고 답할 수 있는 질문으로 적절하지 않은 것은?

① 정전기란 무엇인가?

② 정전기는 왜 발생하는가?

③ 정전기는 누가 연구하기 시작했는가?

④ 정전기는 우리 생활에서 어떻게 활용되는가?

⑤ 정전기를 줄이기 위해서는 어떻게 해야 하는가?

그림에서 들려오는 소리

이명옥

㉮ 분수처럼 흩어지는 푸른 종소리

김광균의 시 〈외인촌〉에 나오는 마지막 구절이에요. 크게 낭독해 보세요.

시인은 귀로 듣는 종소리를 눈으로 보는 분수에 비유했네요. 종소리에 색깔까지도 보는군요.

㉯ 시인처럼 소리를 들으면 모양이나 색깔을 보는 사람들이 있어요. 바로 공감각자들이지요. ㉠공감각이란 어떤 하나의 감각이 다른 영역의 감각을 일으키는 것을 말해요.

영국 화가 데이비드 호크니의 그림 〈풍덩〉을 감상하면 공감각을 이해할 수 있습니다. 호크니는 수영장에서 다이빙할 때 들리는 '풍덩' 소리를 그림에 표현했거든요. 귀로 듣는 '풍덩' 소리를 어떻게 눈으로 보게 했을까요? 색채와 기법, 구도 등 여러 요소로 조화를 이루어 그것을 가능하게 했지요.

㉰ 먼저 색채를 살펴볼까요? 수영장의 파란색 물과 다이빙 보드의 노란색이 무척 선명하게 보이는군요. 유화 물감 대신 아크릴 물감을 사용했기 때문이지요. ㉡아크릴 물감은 유화 물감보다 빨리 마르고 색채도 더 선명하고 강렬합니다.

㉱ 왜 다이빙하는 사람을 그리지 않았을까요? 만일 물에 뛰어드는 사람을 그렸다면 그 멋진 모습에 눈길을 빼앗기면서 '풍덩' 소리를 듣는 데 방해를 받았겠지요. 즉, '풍덩' 소리에만 모든 감각이 집중되도록 사람을 그리지 않았던 것입니다. 호크니는 우리가 상상의 귀로 '풍덩' 소리를 듣기를 바란 것입니다. 상상력은 공감각을 자극하는 촉매제 역할을 하거든요.

㉲ 누구나 어릴 적에는 공감각을 가지고 있지만 자라면서 이런 특별한 능력을 잃어버린다고 하네요. 공감각을 되살리는 비결을 알려 드릴게요. 예술 작품과 가까워지는 것이지요. 《감각의 박물학》이라는 책을 쓴 다이앤 애커먼은 공감각이 일반인들보다 예술가들에게서 일곱 배나 많이 나타난다고 말했어요. 이번 기회에 공감각적인 예술 작품을 감상하는 취미를 가지면 어떨까요?

💡 **문제 유형으로 분석하기**

문제 유형 테마 ❶

설명문이란 무엇인가

이 글은 그림을 통해서 ◻◻◻◻의 개념을 알려 주는 설명문이다.

문제 유형 테마 ❷

무엇을 어떻게 설명하는가

①
> 공감각이란 어떤 하나의 감각이 다른 영역의 감각을 일으키는 것을 말해요.

여기에서 사용된 설명 방법은 ◻◻◻이다.

②
> 아크릴 물감은 유화 물감보다 빨리 마르고 색채도 더 선명하고 강렬합니다.

여기에서 사용된 설명 방법은 ◻◻◻이다.

1 이와 같은 글을 읽는 방법으로 적절하지 <u>않은</u> 것은?

① 중요한 내용을 요약하며 읽는다.

② 글의 내용이 정확한지 판단하며 읽는다.

③ 글에 사용된 설명 방법이 효과적인지 판단하며 읽는다.

④ 글의 내용에 공감하며 개인의 경험과 삶에 비추어 성찰하며 읽는다.

⑤ 글의 구성 단계를 고려하여 앞으로 어떤 내용이 나올지 예측하며 읽는다.

2 가~마에 대한 설명으로 적절하지 <u>않은</u> 것은?

① 가: 시의 한 구절을 인용하여 시에 쓰인 감각적인 표현을 설명하고 있다.

② 나: 공감각이 무엇인지 설명하고 있다.

③ 다: 색채를 중심으로 호크니의 작품 〈풍덩〉을 살펴보고 있다.

④ 라: 호크니가 그림에 많은 사람을 그려 넣은 이유를 설명하고 있다.

⑤ 마: 공감각을 되살리는 비결로 예술 작품 감상을 권유하고 있다.

3 이 글에서 알 수 있는 내용으로 적절한 것은?

① 예술가가 되는 길

② 호크니의 작품 세계의 변화 과정

③ 공감각을 활용한 예술 작품의 예

④ 예술 작품을 쉽게 감상하는 비법

⑤ 예술 작품에 유화 물감을 사용하는 이유

4 ㉠과 같은 설명 방법이 쓰인 문장으로 적절한 것은?

① 상어는 어류이지만 고래는 포유류이다.

② 나무는 뿌리, 줄기, 가지, 잎으로 이루어져 있다.

③ 어젯밤에 눈이 많이 와서 오늘 아침 도로가 얼어 있다.

④ 구기 종목이란 공을 가지고 하는 운동 경기를 말한다.

⑤ 우리나라의 전통 놀이의 예로는 강강술래, 씨름, 윷놀이 등이 있다.

5 ㉡에 쓰인 설명 방법에 대한 설명으로 적절한 것은?

① 설명 대상의 뜻을 설명한다.

② 설명 대상을 원인과 결과로 설명한다.

③ 둘 이상의 대상을 차이점 중심으로 설명한다.

④ 설명 대상과 관련된 구체적인 예를 들어 설명한다.

⑤ 설명 대상을 일정한 기준에 따라 나누어 설명한다.

6 이 글을 읽은 후 독자의 반응으로 적절하지 <u>않은</u> 것은?

① 가연: 공감각이 무엇인지 알게 되었어.

② 나윤: 호크니의 그림 〈풍덩〉을 직접 보고 싶어.

③ 다솜: 예술 작품을 자주 접해야겠다는 생각이 들어.

④ 라희: 공감각은 타고나는 거라서 키우기 힘들다는 것을 알았어.

⑤ 마빈: 상상력을 이용해 그림에서 소리를 느낄 수 있다는 게 신기해.

이 단원에서 만나게 될
테마와 유형

6. 주장하는 글 읽기

논설문

서론	→	본론	→	결론

타당성 관련성 객관성

| 문제 상황 제시하고 주장 밝히기 | 논리적인 근거로 뒷받침하기 | 글의 내용 요약 및 재강조 |

문제 유형 테마 ❶
논설문이란 무엇인가

필수 개념 논설문의 구성 / 논설문 읽는 방법

문제 유형 ㉔ 논설문의 특징으로 적절한 것은?

유형 분석	논설문의 구성 알기 서론 - 본론 - 결론	논설문을 읽는 방법 이해하기 사실과 의견 / 관점과 견해 / 논리 전개 방식

한눈에 쏙 개념 잡기

● 논설문
- 어떤 주제에 대해 논리적인 **근거**를 들어서 **설득**하기 위한 글이다.

> 예 학술 논문, 사설, 평론, 칼럼 등

● 논설문의 구성
- 논설문은 '**서론, 본론, 결론**'으로 구성되어 있다.

서론	글을 쓰게 된 동기와 글쓴이의 주장을 밝힌다.
본론	글쓴이의 주장을 뒷받침하는 논리적인 근거를 제시한다.
결론	글의 내용을 요약하고 글쓴이의 주장을 재강조한다.

연역법

> 모든 사람은 죽는다. (일반적인 사실)
>
> 소크라테스는 사람이다.
>
> 그러므로 소크라테스는 죽는다. (결론)

● 논설문을 읽는 방법

사실과 의견을 구분하며 읽는다.
글쓴이의 관점과 견해를 파악하며 읽는다.
글쓴이의 주장을 뒷받침하는 근거의 객관성과 타당성을 고려하며 읽는다.
글의 논리 전개 방식★에 유의하며 자신의 입장을 정리해 본다.

귀납법

> 소크라테스는 죽었다. 플라톤은 죽었다.
>
> 아리스토텔레스는 죽었다. (개별적인 사례)
>
> 소크라테스, 플라톤, 아리스토텔레스는 모두 사람이다.
>
> 그러므로 모든 사람은 죽는다. (결론)

└ 논증이라고도 하며 일반적인 사실에서 결론을 끌어내는 연역법과 개별적인 사례에서 결론을 끌어내는 귀납법이 있어.

📎 정답과 해설 **12쪽**

개념 체크 **1** 다음 설명이 맞으면 ○, 틀리면 ✕ 표시를 하세요.

(1) 논설문은 논리적인 근거를 들어 설득하기 위한 목적을 가진 글이다. ·········· (   )

(2) 논설문의 구성 단계 중 '본론'에서는 글의 내용을 요약하고 글쓴이의 주장을 재강조한다. ······· (   )

(3) 논설문을 읽을 때는 사실과 의견을 구분하며 읽어야 한다. ··············· (   )

유형 체크 **2** 논설문의 특징으로 적절하지 <u>않은</u> 것을 고르세요.

① 신문의 사설이나 학술 논문 등이 대표적인 논설문이다.

② '서론 – 본론 – 결론'의 구성 단계를 갖추어 논리적으로 전개되는 글이다.

③ 자기주장을 명확하게 밝히며 다른 사람을 설득하기 위한 목적으로 쓴 글이다.

④ 글쓴이는 자신의 생각을 설득하기 위해 객관적이고 타당한 근거로 주장을 뒷받침한다.

⑤ 글쓴이의 감정을 효과적으로 전달하기 위해 비유와 상징과 같은 표현 방법이 사용된다.

문제 유형 25 글쓴이가 **주장하는 바**로 적절한 것은?

문제 유형 26 글쓴이의 **주장**을 뒷받침하는 **근거**로 적절하지 않은 것은?

유형 분석	논설문에서 주장 찾기 논설문 구성 단계의 특징 고려하며 반복되는 내용 찾기	근거의 타당성 파악하기 관련성 / 객관성 / 타당성

한눈에 쏙 개념 잡기

글쓴이의 주장 찾기

■ '서론, 본론, 결론'의 **논설문 구성 단계 특징**을 고려하며, 글쓴이가 **여러 번 강조하며 언급한 내용**을 살펴본다.

└─ 주장을 찾을 때는 처음과 끝을 잘 살펴봐야 해.
　　글쓴이가 서론에서 문제의식과 함께 주장을 밝히고, 결론에서 다시 강조하기 때문이야.

근거의 타당성 파악하기

■ 제시한 근거는 주장과 **내용상 관련성**이 있어야 한다.

■ 누구라도 인정할 수 있는 **객관적인 내용**이어야 한다.

■ 사실적이고 믿을 만하며 상식적으로 **이치에 맞는 타당한 내용**이어야 한다.

 정답과 해설 **12**쪽

개념 체크 **1** 다음 빈칸에 들어갈 알맞은 말을 쓰세요.

(1) 글에 제시하는 근거는 주장과 내용상 ⌐ㄱ ⌐ㄹ ⌐ㅅ⌐ 이 있어야 한다.

(2) 근거는 누구라도 인정할 수 있는 객관적이고 ⌐ㅌ ⌐ㄷ⌐ 한 내용이어야 한다.

　㉠현재 미국에서 사용되고 있는 모든 제초제의 80퍼센트는 옥수수와 콩에 살포된다고 한다.

　㉡말 못 하는 짐승들이 이런 곡식을 먹고 난 다음 그 제초제들은 동물의 몸에 축적되고, 그것은 또 수입 쇠고기라는 형태로 고기를 즐겨 먹는 이 땅의 소비자들에게 그대로 옮겨진다.

　㉢미국 학술원의 국립조사위원회에 의하면, 쇠고기는 제초제 오염의 제1위이고, 전반적인 살충제 오염으로는 제2위를 차지한다. ㉣제초제와 살충제로 인한 발암 위협이 따르는 것은 더 말할 필요도 없다.

　이와 같은 리프킨의 글을 읽으면서, 육식 위주의 요즘 우리 식생활이 얼마나 어리석고 위태로운 먹을거리인가를 되돌아본다. 일찍이 우리가 농경 사회에서 익혀 온 식생활이 더없이 이상적이고 합리적이라는 사실을 깨우쳐 주고 있다. ㉤우리는 그릇되게 먹어서 죽는 어리석음에서 벗어나야 한다.

- 법정, 〈먹어서 죽는다〉

유형 체크 **2** ㉠~㉤ 중 글쓴이가 주장하는 바로 적절한 것을 고르세요.

① ㉠　　　　　② ㉡　　　　　③ ㉢　　　　　④ ㉣　　　　　⑤ ㉤

더위가 알려 준 진짜 충격

김산하

㉮ 더위, 이보다 우리를 압도하는 것이 있을까? 여름이 되면 더위 때문에 꼼짝달싹도 못하며 겨우 살아가는 날들이 끝도 없이 이어진다. 너무 더운 나머지 세상만사가 다 귀찮아질 정도이다. 온도 몇 도의 차이가 이렇게 대단한 것이구나, 우리는 혀를 내두른다. ㉠냉방이 되는 공간을 산소통 찾듯 찾아다니는 나약한 몸을 내려다보면서, 아무리 훌륭하고 똑똑한 척을 해도 사람은 결국 하나의 생물일 뿐이구나, 우리는 탄식한다.

㉯ 더위는 우리가 근본적인 고민을 하도록 만든다. ㉡당장의 더위를 해결하지 않는 이상 그 어떤 것도 중요하지 않음을 몸소 경험함으로써 우리는 알게 모르게 이 시대의 문제를 마주하게 된다. 그렇다. 기후 변화는 현대의 큰 문제이다. 모든 이의 피부에 와닿는 가장 심각한 전 지구적 문제, 나와 무관하다며 모든 것을 무시해 버려도 끝내 외면할 수 없는 생존의 문제이다.

㉰ ㉢기후 변화에 관한 내용을 하도 많이 들어서 지겹겠지만 더위는 더 이상 단순 기상 현상이 아니고, 날씨는 더 이상 인사치레의 주제가 아니다. 지금 우리가 목격하기 시작한 유례없는 이 '열의 위력'은 우리 문명이 그동안 쌓아 올린 어마어마한 빚더미의 맛보기일 뿐이다. 하필 이 시점에 태어나 살고 있는 우리는 억울할지도 모른다. 그러나 다음 세대와 그 이후를 생각하면 오히려 얼마나 행운아인지를 깨닫게 된다. 왜냐하면 이 고통은 잠시 있다가 떠날 것이 아니며, 오히려 가면 갈수록 심해질 것이 분명하기 때문이다.

㉱ 미국 국립 해양 대기청(NOAA)과 미국 국립 항공 우주국(NASA)에 따르면 2015년은 1880년 기상 관측이 시작된 이래 가장 더웠던 해로 분석되었다. ㉣2015년 지구의 연평균 기온은 20세기 평균치인 13.9도보다 0.9도 높았고, 종전 최고치였던 2014년보다 0.16도 상승하였다. 그리고 지구의 연평균 기온이 높은 상위 15개 연도가 모조리 21세기일 정도로 지구의 연평균 기온은 계속 상승하는 추세를 보인다.

㉲ 예전에는 뉴스로 들었던 것을 지금은 몸으로 느낀다. 나만이 아니다. 우리나라만이 아니다. 전 세계가 이 순간 함께 허덕이고 있다. 그러나 이는 사실 이미 예상된 것이어서 충격이 아니다. ㉤몸으로 느끼면서도 우리가 변하지 않는다는 것, 그것이 충격이다. 국제 에너지 기구 조사에 의하면 세계 여러 나라가 1인당 탄소 배출량을 줄이는 데 애쓰는 것과 달리 우리나라는 오히려 1인당 탄소 배출량이 늘어났다.

㉳ 그런데도 우리는 더위 앞에서 에너지 사용량을 줄일 생각까지 미치지 못한다. 더위에 대응하는 근본적인 대책에 관해 우리 모두 관심이 적다. 우리 모두가 이렇게 위험성을 인식하지 못하고 있는 사실이 이 더위보다 충격적이라 할 수 있다. 지금부터라도 기후 변화가 중요한 문제임을 인식하고 자원을 아껴 사용해야 할 것이다. 그리고 지속적으로 발전할 수 있는 녹색 성장을 준비해야 할 것이다.

💡 **문제 유형으로 분석하기**

문제 유형 테마 1

논설문이란 무엇인가

① 이 글은 [더위]를 소재로 기후 변화의 심각성을 일깨우는 논설문이다.

② 글쓴이는 [기후변화]의 위험성을 인식하고 이를 해결하기 위한 노력이 필요함을 주장하고 있다.

1 이와 같은 글을 읽는 방법으로 적절하지 <u>않은</u> 것은?

① 사실과 의견을 구분하며 읽는다.

② 글쓴이의 견해에 전적으로 동의하며 몰입하여 읽는다.

③ 글쓴이의 주장에 담긴 관점과 견해를 파악하며 읽는다.

④ 글의 내용이 논리적으로 전개되고 있는지를 살피며 읽는다.

⑤ 주장을 뒷받침하는 근거의 객관성과 타당성을 판단하며 읽는다.

2 다음 중 이 글에 등장하는 내용이 <u>아닌</u> 것은?

① 지구 연평균 기온은 매년 상승하고 있다.

② 전 지구적으로 더위가 문제가 되고 있다.

③ 우리나라의 1인당 탄소 배출량이 늘어나고 있다.

④ 2015년도는 기상 관측 이래 가장 더운 해로 기록되었다.

⑤ 지속 가능한 발전을 위한 녹색 성장 정책이 추진 중에 있다.

3 다음 중 [보기]에서 설명하는 논설문의 구성 단계에 해당하는 문단은?

> 보기
>
> 글의 내용을 요약하고 글쓴이의 주장을 재강조한다.

① **가** 　② **나** 　③ **다**

④ **라** 　⑤ **마**

4 [보기]의 글이 들어갈 위치로 적절한 것은?

> 보기
>
> 우리나라가 현재처럼 자원을 소비하면서 자원을 지속적으로 사용할 수 있는 상태를 유지하기 위해서는 지구가 3.3개 필요하다고 한다. 한마디로 우리의 에너지 사용량, 그리고 그 증가량이 심하다고 할 수 있다.

① **가** 뒤 　② **나** 뒤 　③ **다** 뒤

④ **라** 뒤 　⑤ **마** 뒤

5 [보기]를 참고할 때, 글쓴이의 주장에 대한 신뢰도를 높여 주는 근거로 적절한 것은?

> 보기
>
> 논설문을 쓸 때는 통계 자료나 뉴스, 전문가의 견해 등 객관적인 자료를 근거로 제시하여 주장에 대한 신뢰도를 높일 수 있다.

① ㉠ 　② ㉡ 　③ ㉢

④ ㉣ 　⑤ ㉤

6 이 글을 읽은 독자의 반응으로 적절하지 <u>않은</u> 것은?

① 에너지 절약을 위해 전기를 아껴 써야겠어.

② 에너지 낭비가 더위 때문이 아니었다는 것이 충격이야.

③ 앞으로 우리가 노력하지 않으면 지구는 점점 더워질 거야.

④ 환경 오염을 일으키지 않는 대체 에너지 개발에 힘써야겠어.

⑤ 지구의 심각한 기후 변화를 구체적인 통계 자료로 알려 주니까 더 잘 이해돼.

먹어서 죽는다

법정

㉮ 우리나라는, 한반도의 남쪽은 어디를 가나 온통 먹을거리의 간판들로 요란하다. 도심에서 조금만 벗어나면 웬 '가든'은 그리도 많은지, 서너 집 건너 너도나도 모두가 가든뿐이다. 숯불갈비집을 가든이라고 부르는 모양이다.

　㉠사철탕에다 흑염소집, 무슨 연극의 제목 같은 '멧돼지와 촌닭' 집도 심심치 않게 눈에 띈다. 이 땅에서 이미 소멸해 버리고 없는 토종닭도 '처갓집'을 들먹이며 버젓이 간판을 내걸고 있다.

㉯ 미국의 환경 운동가로 널리 알려진 제레미 리프킨은《쇠고기를 넘어서》라는 그의 저서를 통해, 개인의 건강을 위해서든, 지구 생태계의 보존을 위해서든, 굶주리는 사람들을 위해서든, 또는 동물 학대를 막기 위해서든, 산업 사회에 있어서 고기 중심의 식사 습관은 하루빨리 극복되어야 한다고 역설하고 있다.

㉰ 그가 인용한 자료에 의하면, 소와 돼지, 닭 등 가축들은 지구상에서 생산되는 곡물의 3분의 1을 먹어 치우고 있다. ㉡미국에서 생산되는 곡물의 70퍼센트 이상이 가축의 먹이로 사용된다. 초식 동물인 소가 풀이 아닌 곡식을 먹게 된 것은 금세기 우리 시대에 일어난 일인데, 이런 사실은 농업의 역사에서 일찍이 없었던 새로운 현상이다.

㉱ 오늘날 미국에서 1파운드의 쇠고기를 생산하는 데에 16파운드의 곡식이 들어간다. 곡식을 먹여서 키운 고기 중심의 식사법을 만들어 낸 이런 생산 체계가 한정된 지구 자원을 낭비하고 파괴하고 있다.

　가난한 제3 세계에서는 어린이를 비롯해서 수백만의 사람들이 곡물이 모자라 굶주리며 병들어 죽어 가는 동안, ㉢산업화된 나라들에서는 수백만이 넘는 사람들이 동물성 지방의 지나친 섭취로 인해, 심장병과 뇌졸중과 암으로 죽어 가고 있다.

㉲ ㉣동물의 사육장에 대한 기록을 읽으면서 우리 인간이 얼마나 잔인하고 무자비한 존재인가를 같은 인간으로서 부끄러워하지 않을 수 없었다. 어린 수송아지들은 태어나자마자 좀 더 순종적으로 되고 그 고기의 질을 개선하기 위해 거세시킨다. 또 짐승들끼리 비좁은 우리 안에서 서로 상처를 입히지 않도록 쇠뿔의 뿌리를 태워 버리는 화약 약품이 마취도 하지 않은 채 사용된다.

㉳ 현재 미국에서 사용되고 있는 모든 제초제의 80퍼센트는 옥수수와 콩에 살포된다고 한다. 말 못 하는 짐승들이 이런 곡식을 먹고 난 다음 그 제초제들은 동물의 몸에 축적되고, 그것은 또 수입 쇠고기라는 형태로 고기를 즐겨 먹는 이 땅의 소비자들에게 그대로 옮겨진다.

　㉤미국 학술원의 국립조사위원회에 의하면, 쇠고기는 제초제 오염의 제1위이고, 전반적인 살충제 오염으로는 제2위를 차지한다. 제초제와 살충제로 인한 발암 위협이 따르는 것은 더 말할 필요도 없다.

㉴ 이와 같은 리프킨의 글을 읽으면서, 육식 위주의 요즘 우리 식생활이 얼마나 어리석고 위태로운 먹을거리인가를 되돌아본다. 일찍이 우리가 농경 사회에서 익혀 온 식생활이 더없이 이상적이고 합리적이라는 사실을 깨우쳐 주고 있다. 우리는 그릇되게 먹어서 죽는 어리석음에서 벗어나야 한다.

문제 유형으로 분석하기

문제 유형 테마 2

어떻게 설득하는가

주장	[○○○] 위주의 식생활이 가지는 문제를 인식하고 여기서 벗어나야 한다.
근거	한정된 [○○○○○]을 낭비하는 일이다.
	동물을 잔인하고 무자비하게 [○○]하는 일이다.
	동물에게 먹일 사료에 뿌리는 [○○○]와 살충제는 사람들의 건강마저 위협한다.

1 이 글에 대한 설명으로 적절하지 <u>않은</u> 것은?

① 문제를 대하는 비판적인 시각이 두드러진다.

② 인상적인 제목으로 독자의 흥미를 일으키고 있다.

③ 객관적인 수치 자료로 글의 신뢰도를 높이고 있다.

④ 책을 읽고 깨달은 바를 바탕으로 주장을 펼치고 있다.

⑤ 다양한 표현 방법으로 참신함과 생동감을 더하고 있다.

2 [보기]의 글이 들어갈 위치로 적절한 것은?

> 보기
>
> 우리 한국인들이 이렇듯 먹을거리에, 그중에도 육식에 열을 올린 지는 그리 오래된 일이 아니다. 1960년대 이래 산업화와 도시화에 따라 식생활도 채식 위주에서 육식 위주로 바뀌게 된 것이다. 국내산만으로는 턱도 없이 부족하여 엄청난 물량을 외국에서 수입해다 먹는다.
> 국민 건강을 생각할 때, 그리고 한국인의 전통적인 기질과 체질을 고려할 때, 이와 같은 육식 위주의 식생활은 결코 바람직하지 않다.

① 가 뒤   ② 나 뒤   ③ 다 뒤

④ 라 뒤   ⑤ 마 뒤

3 가~마에 대한 설명으로 적절하지 <u>않은</u> 것은?

① 가: 일상에서 쉽게 볼 수 있는 소재로 육식 위주의 식생활이 자리 잡은 현실을 드러내고 있다.

② 나: 환경 분야의 전문가와 그가 쓴 책의 내용을 소개하고 있다.

③ 다: 책의 자료를 인용하여 육식 위주의 식생활이 초래하는 문제를 지적하고 있다.

④ 라: 식량 공급 격차가 두드러지는 두 지역을 대비시켜 식량 자원 낭비의 심각성을 전하고 있다.

⑤ 마: 책의 오류를 지적하면서 육식 문제를 해결하는 새로운 대안을 제시하고 있다.

4 ㉠~㉢ 중 글쓴이의 의견을 드러내는 문장은?

① ㉠   ② ㉡   ③ ㉢

④ ㉣   ⑤ ㉤

5 이 글을 주장과 근거로 요약하여 정리할 때, 주장을 뒷받침하는 근거로 적절하지 <u>않은</u> 것은?

주장	육식 위주의 식생활은 바람직하지 않다.

	근거
①	한정된 식량 자원을 낭비하고 있다.
②	동물들을 잔인하고 무자비하게 학대한다.
③	우리나라는 어디를 가나 음식점 간판들로 요란하다.
④	동물 사료에 쓰는 제초제는 사람들의 건강을 위협한다.
⑤	육식을 지나치게 하면 심장병, 뇌졸중 같은 병에 걸린다.

6 이 글을 읽으면서 떠올린 생각으로 적절하지 <u>않은</u> 것은?

① 고기 중심의 식생활이 다양한 면에서 문제를 일으키고 있었구나.

② 실제 수치 자료를 바탕으로 육식의 실태를 접하니까 그 심각성을 실감할 수 있어.

③ 인류가 농경 사회에서 익혀 온 육식 위주의 식습관을 버리는 게 쉬운 일은 아닐 거야.

④ 인간들은 지금껏 더 맛있는 고기를 먹기 위해 동물들에게 잔인한 일도 서슴지 않았어.

⑤ 고기를 파는 식당이 많다는 것은 그만큼 육식 위주의 식생활에 익숙해졌다는 말이겠지.

이 단원에서 만나게 될
테마와 유형

7. 언어의 본질

언어

언어의 개념

땅속에
집을 짓고
사회생활을
하는 곤충

개미

언어의 본질

자의성	책 (한국어) book (영어) ほん (일본어)
사회성	
역사성	뫼 (옛날) / 산 (오늘)
창조성	
규칙성	어제 학교에 갈 것이다 (×)

언어의 본질과 국어 생활

문제 유형 테마 ❶
언어는 어떤 특성을 가지고 있나

필수 개념 자의성 / 사회성 / 역사성 / 창조성 / 규칙성

문제 유형 ㉗	언어의 본질에 대한 설명으로 적절한 것은?
문제 유형 ㉘	언어의 본질을 **설명하는 예**로 적절한 것은?
문제 유형 ㉙	이 **상황**이 발생하게 된 **이유**로 적절한 것은?

유형 분석	언어의 개념 알기 인간의 생각을 전하는 소리나 기호 체계	언어의 본질 이해하기 자의성 / 사회성 / 역사성 / 창조성 / 규칙성

한눈에 쏙 개념 잡기

🔖 언어의 개념

- 인간의 생각이나 느낌을 전달하기 위해 사용하는 **소리나 기호 체계**를 말한다.
- 언어는 전달하려는 **내용**(의미)을 일정한 **형식**(말소리와 표기)에 맞추어 나타낸다.

예	형식	말소리와 표기		내용	의미
		개미			땅속에 집을 짓고 사는 곤충

🔖 언어의 본질

1. 언어의 자의성: 언어의 **말소리나 글자**(형식)와 **의미**(내용)는 **필연적인 관계가 아니다.**★
　　　　　　　　　　　　　　　　　　　　　　　　　　　　　(= 임의적이다/우연이다)

> ★ 개미가 개미로 불리게 된 것은 그 말로 불려야 할 필연적인 이유가 있는 게 아니라 우연히 그렇게 되었다는 말이야. 개미 말고 다른 말로 불렸을 수도 있다는 거지.

> 예
> - 한국어로 개미[개미]는 영어로 ant[앤트], 일본어로는 あり[아리]이다.
> - '부추'라는 채소를 경상도에서는 '정구지', 전라도에서는 '솔'이라고 한다.
> - 같은 소리를 내지만 의미가 다른 동음이의어(동형어)가 있다.
>   → 배 (사람의 신체 부위 / 나무에 열리는 과일 / 바다 위를 다니는 교통수단)

2. 언어의 사회성: 언어는 사용하는 사람들끼리 정한 **약속**이므로 개인이 **마음대로 바꿀 수 없다.**

> 예 제멋대로 '학교'를 '소방서'라고 바꾸어 말하면 의사소통에 혼란을 가져온다.

3. 언어의 역사성: 언어는 **시간의 흐름**에 따라 **사라지거나 새로 생기거나 변할 수 있다.**

> 예
> - 사라진 말: 즈믄(천), 뫼(산), 가람(강) 등
> - 새로 생긴 말: 인공 지능, 로봇, 인터넷, 스마트폰 등
> - 변한 말: 어리다 (어리석다 → 나이가 어리다 적다 / 젊다)
>   　　　　　놈 (사람 → 남자를 낮추어 부르는 말) 등

4. 언어의 창조성: 모든 말을 다 배우지 않아도 **새로운 단어와 문장을 끊임없이 만들어 사용할 수 있다.**

> 예 '밥 먹자'와 '사탕 주세요'라는 말을 배운 아이는 '밥 주세요' 혹은 '사탕 먹자'와 같은 새로운 문장을 말할 수 있다.

5. 언어의 규칙성: 모든 언어는 일정한 **규칙**을 가지고 있어 이를 **지켜서 사용해야 한다.**

> 예 어제 학교에 갈 것이다. (X) / 나는 어제 학교에 갔다. (O) → '어제'라는 말에는 '과거 표현'을 써야 한다.

🔖 정답과 해설 14쪽

개념체크 1 다음 설명이 맞으면 ◯, 틀리면 ✕ 표시를 하세요.

(1) 언어의 말소리와 뜻은 필연적으로 연결되어 있다. ··· ( )

(2) 언어는 사용하는 사람들끼리 한 약속이므로 함부로 바꾸어서는 안 된다. ·················· ( )

(3) 산을 뜻하는 '뫼'라는 말이 사라진 것은 언어의 역사성을 보여 주는 예이다. ·············· ( )

(4) 언어는 끊임없이 새롭게 만들어 쓸 수 있으니 규칙을 지키지 않아도 된다. ················· ( )

유형체크 2 언어의 창조성에 대한 설명으로 가장 적절한 것을 고르세요.

① 언어의 형식과 내용은 필연적이지 않다.

② 언어는 사용하는 사람들끼리 정한 약속이다.

③ 언어는 시간의 흐름에 따라 끊임없이 변한다.

④ 모든 언어는 일정한 규칙을 가지고 있어 이를 지켜서 사용해야 한다.

⑤ 모든 말을 배우지 않아도 새로운 단어와 문장을 무한대로 만들 수 있다.

유형체크 3 언어의 역사성을 보여 주는 예로 가장 적절한 것을 고르세요.

① 전에 없던 '인공 지능'이라는 말이 생겼다.

② 경상도에서는 부추를 '정구지'라고 부른다.

③ '물 줘'와 '밥'을 배우면 '밥 줘'라고 말할 수 있다.

④ '연필'을 '지우개'로 바꾸어 말하면 소통의 장애를 가져온다.

⑤ 한국에서 '사과[사과]'라고 부르는 과일을 미국에서는 'apple[애플]'이라고 부른다.

유형체크 4 [보기]와 같은 상황이 발생하게 된 이유로 가장 적절한 것을 고르세요.

> 보기
>
> 소담이는 〈프린들 주세요〉라는 책을 읽고 주인공처럼 볼펜을 다른 말로 바꾸어 보기로 결심했다.
> 그날부터 볼펜을 '펜디'로 바꾸어 부르기 시작했지만 누구도 함께 해 주지 않자 소담이는 이내 흥미를 잃었고 더 이상 '펜디'라는 말도 쓰지 않았다.

① 언어의 창조성을 외면했다.

② 언어의 자의성을 모르고 있다.

③ 언어의 사회성을 이해하지 못했다.

④ 언어의 규칙성을 가볍게 생각했다.

⑤ 언어의 역사성을 헤아리지 못했다.

1 언어의 자의성에 대한 설명으로 적절한 것은?

① 언어는 규칙을 지켜서 사용해야 한다.

② 한 개인이 언어를 함부로 바꿀 수 없다.

③ 언어는 생기고 사라지기를 끊임없이 반복한다.

④ 언어의 형식과 내용의 만남은 우연히 벌어진 일이다.

⑤ 하나의 언어를 배우면 그 안에서 무궁무진하게 많은 말을 만들어 낼 수 있다.

2 언어의 본질과 그 예가 바르게 연결된 것을 고르면?

보기
㉠ '로봇'이라는 말이 새롭게 생겨났다.
㉡ '어제 할 거야'라는 말은 틀린 문장이다.
㉢ '물 줘'와 '밥'을 배우면 '밥 줘'라고 말할 수 있다.
㉣ '자동차'를 제멋대로 '자전거'로 바꾸어 말하면 안 된다.
㉤ 동물 '말'과 사람이 하는 '말'은 발음은 같지만 다른 말이다.

① ㉠ – 역사성   ② ㉡ – 사회성

③ ㉢ – 자의성   ④ ㉣ – 창조성

⑤ ㉤ – 규칙성

3 언어의 창조성을 보여 주는 예로 적절한 것은?

① '할아버지가 간다'는 높임 표현에 어긋난 문장이다.

② '꽃잎', '나무', '흔들리다'로 무수히 많은 문장을 만들 수 있다.

③ 사람의 '배'와 물 위를 떠다니는 '배'는 말소리가 같지만 뜻이 다르다.

④ '세수'라는 말이 '손을 씻다'라는 의미에서 '얼굴을 씻다'로 바뀌었다.

⑤ '칠판'을 '교탁'으로 바꾸어 말하면 교실에서 의사소통의 혼란이 생긴다.

4 [보기]에서 설명하는 언어의 본질은?

보기
한국어로 '나는 학교에 간다'를 '나는 간다 학교에'로 쓰면 어색한 문장이 된다.

① 자의성   ② 사회성   ③ 역사성

④ 창조성   ⑤ 규칙성

5 [보기]와 같은 상황이 발생하게 된 이유로 적절한 것은?

보기
생긴 모양이 아름답고 사랑스러운 모습을 뜻하는 말로 '예쁘다'와 '이쁘다' 중 어떤 말이 맞을까요?
그동안 '이쁘다'는 '예쁘다'를 잘못 표기한 비표준어 취급을 받았습니다. 하지만 사람들은 '예쁘다'와 '이쁘다' 두 말의 의미를 크게 구별하지 않고 사용해 왔습니다.
국립국어원은 일상생활에서 자주 쓰이는 말과 표준어 사이의 간극을 줄이기 위해 '이쁘다'를 복수 표준어로 인정했습니다.

① 시간이 흐를수록 말이 계속 새로 생겨나서

② 언어는 사람들 사이의 약속이라 깰 수 없어서

③ 언어의 뜻과 말소리에는 필연적인 관계가 없어서

④ 시대 상황과 요구에 발맞추어 언어는 계속 변해서

⑤ 여러 사람들이 모이면 새로운 말을 마음껏 만들 수 있어서

6 [보기]와 같은 상황을 설명하기에 적절한 언어의 본질은?

보기
재영: (심각한 표정을 지으며) 용호야, 나 이제 경찰서에 끌려가야 해.
용호: (깜짝 놀라며) 뭐라고? 무슨 일 있어?
효종: (실실 웃으며) 학원 간다는 말이야. 다니기 싫은 학원 가는 게 경찰서에 끌려가는 것 같다면서 며칠 전부터 계속 혼자서 저러고 있어.

① 사회성   ② 규칙성   ③ 역사성

④ 자의성   ⑤ 창조성

1 언어에 대한 설명으로 적절하지 <u>않은</u> 것은?

① 언어는 생기고 사라지기를 끊임없이 반복한다.

② 언어는 인간의 생각이나 느낌을 전하기 위해 사용하는 기호 체계이다.

③ 의미 없이 내뱉은 말은 소리와 글자로 표현할 수 있어도 언어라 볼 수 없다.

④ 언어는 일정한 형식과 내용을 갖추어야 하며 시간이 흘러도 절대 변하지 않는다.

⑤ 언어에는 규칙이 있어 이를 지켜서 사용하지 않으면 원활한 의사소통이 어렵다.

2 [보기]와 관련된 언어의 본질에 대한 설명으로 적절하지 <u>않은</u> 것은?

보기
- 한국어: 시계 [시계/시게]
- 영어: clock [클락]
- 일본어: とけい [도케이]
- 중국어: 钟 [종]

① 모든 말의 뜻과 말소리는 임의로 만난 것이다.

② 하나의 대상을 지역에 따라 달리 부르기도 한다.

③ 같은 동물의 울음 소리가 나라마다 다르게 표현된다.

④ 먹는 '배'와 타는 '배'는 말소리는 같지만 다른 단어이다.

⑤ 한국인에게 '시계'를 '도케이'로 바꿔 말하면 혼동을 가져온다.

3 언어의 사회성을 지켜야 하는 이유로 적절한 것은?

① 시대의 변화에 말이 뒤처지지 않기 위해서이다.

② 사회 구성원 모두의 언어 능력을 크게 향상시키기 위해서이다.

③ 인간에게는 말을 창조해 내는 엄청난 잠재력이 있기 때문이다.

④ 개인이 가진 언어의 힘이 사회의 발전 가능성을 보장해 줄 수 있기 때문이다.

⑤ 언어는 사회에 속한 개인들의 약속이라 어길 경우 의사소통에 장애가 생기기 때문이다.

4 [보기]에 대한 설명으로 적절하지 <u>않은</u> 것은?

보기
㉠ 놈 (사람 → 남자를 낮잡아 이르는 말)
㉡ 즈믄(천), 뫼(산), 가람(강)
㉢ 로션, 인공위성, 내비게이션
㉣ 대박, 먹방
㉤ 이쁘다, 짜장면

① ㉠은 단어에 담긴 의미가 변한 것이다.

② ㉡은 더 이상 쓰이지 않아 사라진 말이다.

③ ㉢은 새롭게 생긴 말이고, ㉣은 이제 사라진 말이다.

④ ㉤은 사람들에게 자주 쓰이면서 표준어로 인정받은 말이다.

⑤ 모두 언어의 역사성을 보여 주는 예이다.

5 언어의 규칙성을 지킨 문장으로 적절한 것은?

① 어제 친구가 출발할 것이다.

② 동생이 울먹이며 말씀하셨다.

③ 나는 지금부터 방 청소를 할 예정이다.

④ 형은 숙제를 아직 끝내서 쉴 수 없었다.

⑤ 오늘 학교까지 집에서부터 비를 맞고 갔다.

6 [보기]와 같은 상황을 설명하기에 적절한 언어의 본질은?

보기

보미는 이제 막 말을 배우기 시작한 동생에게 '싫어'라는 말을 가르쳤다. 그런데 그다음 날부터 동생은 '엄마 싫어!', '밥 싫어!', '사탕 싫어!' 하면서 자신이 알고 있는 모든 말에 '싫어'를 붙여 말하기 시작했다.

① 규칙성　　　　　② 창조성

③ 사회성　　　　　④ 역사성

⑤ 자의성

이 단원에서 만나게 될
테마와 유형

문제 유형 테마 1

품사란 무엇인가 ▶ 품사의 뜻 / 분류 기준 (형태·기능·의미)

문제 유형 **30** 품사의 뜻과 분류 기준에 대한 설명으로 적절한 것은?

문제 유형 테마 2

품사의 종류와 특성은 무엇인가 ▶ 체언(명사·대명사·수사) /

용언(동사·형용사) / 수식언(관형사·부사) /

관계언(조사) / 독립언(감탄사)

문제 유형 **31** 체언에 대한 설명으로 적절한 것은?

문제 유형 **32** 용언에 대한 설명으로 적절한 것은?

문제 유형 **33** 수식언에 대한 설명으로 적절한 것은?

문제 유형 **34** 관계언과 독립언에 대한 설명으로 적절한 것은?

8. 품사의 종류와 특성

우리말을 이루는 9품사

야호, 중학생이 되면 새 친구도 사귀고
어느 과목 하나 빠짐없이 열심히 공부해야지!

체언	명사	대명사	수사
용언	동사	형용사	
수식언	관형사	부사	
관계언	조사		
독립언	감탄사		

유형 분석	품사의 개념 알기 단어를 공통된 성질로 묶어 놓은 것	품사의 분류 기준 알기 형태의 변화 / 문장에서의 기능 / 단어의 의미

한눈에 쏙 개념 잡기

🔴 품사

1. 단어를 **공통된 성질**을 지닌 것끼리 묶어 놓은 것이다.
   └ 단어는 뜻을 가지고 있고 분리하여 홀로 쓸 수 있는 말의 단위야.

   > 예 너 지금 어디 가니? → 너 / 지금 / 어디 / 가니 (4개의 단어)

2. 품사의 분류 기준
   ① 형태: 단어가 문장에서 **형태가 변하는가**? (가변어 / 불변어)
   ② 기능: 단어가 **문장에서 어떤 기능**을 하는가? (체언 / 용언 / 수식언 / 관계언 / 독립언)
   ③ 의미: 단어가 문장에서 **어떤 공통된 의미**를 지니는가?

   (9품사: 명사 / 대명사 / 수사 / 동사 / 형용사 / 관형사 / 부사 / 조사 / 감탄사)

형태	기능	의미		
불변어 형태가 변하지 않는 단어	체언	명사	대명사	수사
	수식언	관형사		부사
	관계언	조사		
	독립언	감탄사		
가변어 형태가 변하는 단어	용언	동사		형용사
	관계언	서술격 조사 (이다) 조사 중에서 서술격 조사만 형태가 변함		

🔍 정답과 해설 **15쪽**

개념 체크

1 다음 빈칸에 들어갈 알맞은 말을 쓰세요.

(1) 품사는 단어를 [ㄱ | ㅌ | ㄷ] 성질로 묶어 놓은 것이다.

(2) 품사의 분류 기준은 형태, [ㄱ | ㄴ], 의미이다.

유형 체크

2 품사의 뜻과 분류 기준에 대한 설명으로 적절한 것을 고르세요.

① 품사의 분류 기준은 2가지이다.
② 품사의 분류 기준은 형태, 기능, 길이이다.
③ 품사는 문장을 공통된 성질로 묶은 것이다.
④ 명사는 단어를 의미에 따라 분류한 것이다.
⑤ 품사를 기능에 따라 분류하면 아홉 가지로 나뉜다.

품사의 종류와 특성은 무엇인가

문제 유형 31 체언에 대한 설명으로 적절한 것은?

유형 분석	체언의 개념과 특징 알기 문장에서 주체가 되는 단어	문장 속에서 체언 찾기 명사 / 대명사 / 수사

한눈에 쏙 개념 잡기

● 체언

1. 체언의 개념: 문장에서 **주체(중심)**가 되는 단어로 **명사, 대명사, 수사**가 있다.

명사	사람이나 사물의 이름을 나타내는 단어	예 김민수, 꽃, 책상, 행복, 마음 등
대명사	사람이나 사물의 이름을 대신 나타내는 단어	예 나, 너, 우리, 그녀, 이것, 저것, 여기, 저기 등
수사	사물의 수량이나 순서를 나타내는 단어	예 하나, 둘, 셋, 첫째, 둘째, 셋째 등

2. 체언의 특징

① 단어의 형태가 변하지 않는 **불변어**이다.

> 예 책상은 어디에 있니? / 새 책상을 샀다. / 저것은 새 책상이 아니야.

② 문장에서 동작이나 상태의 **주체(누가/무엇)**나 **대상(누구/무엇)**을 나타내는 자리에서 쓰인다.

> 예 민수가 밥을 먹는다. / 민수가 친구를 만난다. / 민수는 선생님이 되었다.
>   누가   무엇   누가   누구   누가   무엇

③ **조사와 결합**하여 쓰기도 한다.

> 예 민수가 학교에 간다. / 너는 하나만 알고 둘은 모른다.
>   조사   조사

④ **관형사의 꾸밈★**을 받는다.
    └ 관형사는 체언 중에서 주로 명사를 꾸미는 일이 많아.

> 예 새 신발 / 헌 장갑
>   관형사

🔖 정답과 해설 **15쪽**

개념 체크

1 다음 설명이 맞으면 ○, 틀리면 ✕ 표시를 하세요.

(1) 체언에는 명사, 대명사, 조사가 있다. … (   )

(2) 명사는 이름을 대신 나타내는 품사이다. … (   )

(3) '나, 너, 우리'는 대명사이다. ─────── (   )

(4) 수사는 사물의 수량이나 순서를 나타내는 품사이다. ─────────────── (   )

유형 체크

2 체언에 대한 설명으로 적절하지 <u>않은</u> 것을 고르세요.

① 체언은 문장에서 주체가 되는 단어이다.

② 체언은 문장 안에서 형태를 자주 바꾼다.

③ 대명사는 사람과 사물의 이름을 대신 나타낸다.

④ 명사는 사물이나 사람의 이름을 나타내는 단어이다.

⑤ 수사는 사물의 수량이나 순서를 나타내는 단어이다.

유형 분석	용언의 개념과 특징 알기 문장에서 주체의 동작이나 상태를 서술하는 단어	문장 속에서 용언 찾기 동사 / 형용사

한눈에 쏙 개념 잡기

❤ 용언

1. 용언의 개념: 문장에서 **주체(체언)의 동작**이나 **상태를 서술**하는 단어로 **동사, 형용사**가 있다.

동사	사람이나 사물의 움직임을 나타내는 단어	예 걷다, 먹다, 달리다, 공부하다 등
형용사	사람이나 사물의 상태나 성질을 나타내는 단어	예 예쁘다, 작다, 빠르다, 맛있다 등

2. 용언의 특징

   ① 문장의 쓰임에 따라 다양한 형태로 바뀌어 활용되는 **가변어**이다.

   > 예 먹다 → 먹고, 먹으니, 먹어서, 먹자 …
   >   먹 (어간: 형태가 변하지 않는 부분) + -고/-으니/-어서/-자 (어미: 형태가 변하는 부분)

   ② 문장에서 주체의 **동작(어찌하다)**이나 **상태나 성질(어떠하다)**을 서술하는 자리에서 쓰인다.

   > 예 아기가 아장아장 걷는다. (동작: 누가 어찌하다)   예 이 식당의 음식은 매우 맛있다. (상태, 성질: 무엇이 어떠하다)

   ③ **부사의 꾸밈**을 받는다.

   > 예 토끼가 빨리 달린다. / 거북이는 무척 느리다.
   >   부사   부사

   ④ **동사와 형용사를 구별하는 방법**

   • 동사는 현재 진행되는 상황을 나타내는 말(-ㄴ다/-는다)을 쓸 수 있지만 형용사는 쓸 수 없다.

   > 예 밥을 먹는다. (O) / 토끼는 빠른다. (X)
   >   동사   형용사

   • 동사는 명령형(-어/아라)과 청유형(-자)을 쓸 수 있으나 형용사는 쓸 수 없다.

   >   명령형 청유형   명령형   청유형
   > 예 학교에 가라. / 가자. (O)   밥이 맛있어라. / 맛있자. (X)
   >   가다(동사)   맛있다(형용사)

정답과 해설 **15쪽**

개념 체크

1 다음 빈칸에 들어갈 알맞은 말을 쓰세요.

(1) 용언에는 동사와 ⬚ㅎ ⬚ㅇ ⬚ㅅ 가 있다.

(2) 용언은 문장에서 쓰임에 따라 ⬚ㅎ ⬚ㅌ 가 변한다.

(3) 용언은 주로 ⬚ㅂ ⬚ㅅ 의 꾸밈을 받는다.

유형 체크

2 용언에 대한 설명으로 적절한 것을 고르세요.

① 용언에는 동사, 부사가 있다.

② 용언은 문장에서 주체의 역할을 한다.

③ 용언은 쓰임에 따라 다양한 형태로 변한다.

④ '걷다, 밝다, 빠르다, 예쁘다'는 형용사이다.

⑤ 동사는 사람이나 사물의 상태, 성질을 나타낸다.

유형 분석	수식언의 개념과 특징 알기 문장에서 다른 말을 꾸며 주는 단어	문장 속에서 수식언 찾기 관형사 / 부사

한눈에 쏙 개념 잡기

✔ 수식언

1. 수식언의 개념: 문장에서 다른 말을 **꾸며 주는 역할**을 하는 단어로 **관형사, 부사**가 있다.

관형사	체언 앞에서 그 말을 꾸며 주는 단어	예) 새, 헌, 옛, 첫, 모든, 여러, 온갖, 한, 두, 세,★ 이, 그, 저, 어느 등
부사	용언 앞에서 그 말을 꾸며 주는 단어	예) 일찍, 아주, 잘, 빨리, 너무, 정말, 무척, 깡충깡충, 엉금엉금(의성어/의태어) 등

2. 수식언의 특징

수를 나타내는 관형사는 수사와 헷갈릴 수 있으니 주의해야 해!

수사	하나, 둘, 셋, 넷 …	관형사	한, 두, 세, 네 …

　① 단어의 형태가 변하지 않는 **불변어**이다.

　　예) • 새 장갑을 샀다. / 저것은 새 공책이다. / 이것은 새 물건이 아니다.
　　　　• 아침 일찍 일어났다. / 일찍 숙제를 끝냈다.

　② 꾸며 주는 말이라 **생략**해도 문장에 전혀 **지장이 없다.**

　　예) 친구에게 새 옷을 선물했는데, 친구가 정말 좋아해서 마음이 아주 뿌듯했어.
　　　→ 친구에게 옷을 선물했는데, 친구가 좋아해서 마음이 뿌듯했어.

　③ **관형사는 체언을 꾸미고, 조사와 결합하지 않는다.**

　　예) 어릴적 사진을 보자 옛 추억이 떠올랐다. / 가방 안에 모든 옷 물건을 꺼냈다.
　　　　　　　　　　　　　　　　체언　　　　　　　　　　　　　　조사

　④ **부사는 경우에 따라 부사 혹은 문장 전체를 꾸미기도** 하며 **조사와 결합해 쓰이기도 한다.**

　　예) • 학교에 일찍 갔다. (용언 꾸미는 부사) / 지난번 경기는 정말 잘 했습니다. (부사를 꾸미는 부사)
　　　　　　　　용언　　　　　　　　　　　　　　　　　　　　　　　　　　부사
　　　　• 과연 이번 일은 어떻게 마무리가 될지 의문이다. (문장 전체를 꾸미는 부사)
　　　　　　　문장 전체
　　　　• 지난 수학 시험은 너무도 어려워서 힘들었다. (조사와 결합해 쓰이는 부사)
　　　　　　　　　　　　　　조사

정답과 해설 **15쪽**

개념 체크

1 다음 빈칸에 들어갈 알맞은 말을 쓰세요.

(1) 수식언에는 | ㄱ | ㅎ | ㅅ |와 부사가 있다.

(2) 관형사는 주로 | ㅊ | ㅇ |을 꾸며 주는 역할을 한다.

(3) 부사는 | ㅈ | ㅅ |와 결합하여 쓰기도 한다.

(4) 수식언은 꾸며 주는 말이라 | ㅅ | ㄹ |해도 문장에 지장이 없다.

유형 체크

2 수식언에 대한 설명으로 적절하지 **않은** 것을 고르세요.

① 수식언에는 관형사와 부사가 있다.

② 관형사는 주로 체언 앞에서 쓰인다.

③ 부사는 조사와 결합해 쓰이기도 한다.

④ 관형사는 문장 전체를 꾸미기도 한다.

⑤ 수식언은 단어의 형태가 변하지 않는다.

유형 분석	관계언의 개념과 특징 알기 문장에서 단어들의 관계를 나타내는 단어	독립언의 개념과 특징 알기 문장에서 독립적으로 쓰이는 단어

한눈에 쏙 개념 잡기

● 관계언

1. 관계언의 개념: 문장에서 **단어들의 관계를 나타내는 단어**로 조사가 있다.

조사	주로 체언 뒤에 붙어서 단어의 문법적 관계를 나타 내거나 특별한 뜻을 더해 주는 단어	예 이/가, 은/는, 을/를, 에, 에서, 으로, 부터, 까지, 도, 만, 조차, 이다★ 등

★ 문장을 서술하는 자리에서 쓰이는
조사라서 서술격 조사라고 불러.

2. 관계언의 특징

① **홀로 쓸 수 없으며**, 주로 체언에 붙어 **문법적인 관계**를 나타내거나 **특별한 의미**를 더해 준다.

예 동생이 그림을 그린다. / 이 이야기는 너한테만 하는 거야.
누가(주체)　무엇(대상)　　　　　　　　다른 사람 말고 너에게만 한다는 의미를 더해 줌.

② 단어의 형태가 변하지 않는 **불변어**이다. (단, **서술격 조사 '이다'**는 용언처럼 형태를 바꾸어 활용된다.)

예 그가 떠났다. / 미영이는 사과가 먹고 싶었다. → 어디서 쓰이든지 형태가 변하지 않는다.	예 재현이는 학생이다 / 학생일까 / 학생이지 / 학생이구나… → 서술격 조사인 '이다'는 다양하게 형태를 바꾸어 쓸 수 있다.

● 독립언

1. 독립언의 개념: 문장에서 다른 단어나 위치에 영향을 받지 않고, **독립적으로 쓰이는 단어**로 감탄사가 있다.

감탄사	놀람, 부름, 느낌, 대답 등을 표현하는 단어 (단, '서준아' 보라야는 감탄사가 아니라 명사에 조사가 붙은 것이다.)	예 어머나, 야, 그래, 여보세요, 우아, 와, 아이코, 네, 응, 앗, 아하 등

2. 독립언의 특징

• 단어의 형태가 변하지 않는 **불변어**이며, 조사가 붙지 않고 **생략이 가능**하다.

예 어머나, 언제 집에 들어왔어? / 야, 여기야 여기! / 와, 정말 멋지다.
　　놀람　　　　　　　　　　　　부름　　　　느낌

정답과 해설 **16**쪽

개념 체크

1 다음 설명이 맞으면 ○, 틀리면 × 표시를 하세요.

(1) 조사는 체언에 붙어 문법적인 관계를 나타
내거나 특별한 의미를 더해 준다. …… (　　)

(2) 독립언은 문장에서 독립적으로 쓰이며 생략
할 수 없다. ……………………………… (　　)

(3) 관계언 중 서술격 조사는 다른 조사와 달리
형태가 변한다. …………………………… (　　)

유형 체크

2 관계언과 독립언에 대한 설명으로 적절한 것을 고르
세요.

① 독립언에는 조사가 있다.

② 관계언에는 감탄사가 있다.

③ 독립언은 주로 체언 뒤에 붙어서 쓰인다.

④ 조사는 단어들의 문법적인 관계를 나타낸다.

⑤ 모든 관계언은 예외 없이 형태가 변하지 않는다.

개념 체크 각 품사에 해당하지 <u>않는</u> 것을 골라 ×표시를 하세요.

1 명사

한영수	나무	일찍	하늘	텔레비전

2 대명사

우리	너희	그녀	하나	여기

3 수사

한	둘째	셋	마흔	스물

4 동사

달리다	외치다	열다	사랑하다	아름답다

5 형용사

귀하다	귀엽다	소리치다	조그맣다	대단하다

6 관형사

잘	옛	온갖	모든	여러

7 부사

빨리	너무	정말	다시	느린

8 조사

까지	도	조차	그래	이다

9 감탄사

여보세요	네	현호야	와	아하

문제 유형 테마 1

1 품사에 대한 설명으로 적절한 것은?

① 우리말에는 8개의 품사가 있다.

② 품사는 단어를 공통된 성질로 묶은 갈래이다.

③ 수식언은 다른 단어와 문법적인 관계를 나타낸다.

④ 용언은 문장에서 다른 말을 꾸며 주는 역할을 한다.

⑤ 체언은 다른 품사와 다르게 활용하여 형태가 변한다.

문제 유형 테마 1

2 [보기]의 단어를 품사의 기능에 따라 바르게 연결한 것은?

> 보기
>
> 물놀이   부터   씻다   어머나   첨벙첨벙

①	체언	어머나
②	용언	씻다
③	수식언	물놀이
④	관계언	첨벙첨벙
⑤	독립언	부터

문제 유형 테마 2

3 [보기]에서 설명하는 품사가 쓰인 문장은?

> 보기
>
> • 문장에서 형태가 변하지 않는다.
> • 사람이나 사물의 이름을 대신 나타내는 단어이다.

① 우리는 같은 동네 주민이다.

② 둘은 부리나케 놀이터로 뛰어 나갔다.

③ 아하! 준우도 야구보다 축구를 더 좋아하는구나.

④ 할머니는 밤마다 옛 추억을 떠올리며 눈시울을 적셨다.

⑤ 갑자기 폭풍우가 휘몰아치는 바람에 캠프 일정을 급히 취소했다.

문제 유형 테마 2

4 사람이나 사물의 이름을 나타내는 단어들로 짝지어진 것을 고르면?

① 행복, 여기

② 일곱, 사람

③ 책상, 마음

④ 그녀, 사랑

⑤ 다섯, 지혜

문제 유형 테마 2

5 용언에 대한 설명으로 적절한 것을 모두 고르면?

> 보기
>
> ㉠ 용언에는 명사, 동사, 형용사가 있다.
> ㉡ 단어들의 문법적인 관계를 나타낸다.
> ㉢ 문장에서 단어의 형태를 바꾸며 활용한다.
> ㉣ 사물이나 사람의 움직임과 상태를 나타내는 단어이다.

① ㉠, ㉡   ② ㉠, ㉢

③ ㉡, ㉢   ④ ㉢, ㉣

⑤ ㉡, ㉢, ㉣

문제 유형 테마 2

6 밑줄 친 단어 중 품사가 다른 하나는?

① 예일이는 키가 작다.

② 저녁 하늘이 붉게 물들었다.

③ 점심을 평소보다 많이 먹었다.

④ 어머나! 해바라기가 예쁘게 피었네!

⑤ 수영이는 매운 음식을 아주 잘 먹는다.

문제 유형 테마 2

7 [보기]의 밑줄 친 단어에 대한 설명으로 적절한 것은?

> **보기**
> • 학교 옆에 새 건물이 들어섰다.
> • 제주도에 가면 한라산에 꼭 오를 것이다.

① '새'는 용언을 꾸미는 부사이다.

② '꼭'은 체언을 꾸미는 관형사이다.

③ '꽤 잘해'의 '꽤'는 '새'와 같은 품사이다.

④ '반드시 갈게'의 '반드시'는 '꼭'과 같은 품사이다.

⑤ '새'와 '꼭'은 둘 다 위치에 따라 형태가 바뀌기도 한다.

문제 유형 테마 2

8 [보기]의 빈칸에 공통으로 들어갈 수 있는 품사는?

> **보기**
> • 비 온 뒤 공기는 (   ) 깨끗하다.
> • 날이 따뜻해지자 봄꽃이 (   ) 피었다.

① 명사   ② 형용사   ③ 부사

④ 관형사   ⑤ 수사

문제 유형 테마 2

9 [보기]의 단어를 품사가 같은 것끼리 바르게 묶으면?

> **보기**
> 에게, 아주, 옛, 여러, 째째, 도, 정말

	관형사	부사	조사
①	에게, 아주	옛, 여러, 째째	도, 정말
②	아주, 째째	옛, 도, 정말	에게, 여러
③	옛, 여러	아주, 정말	째째, 에게, 도
④	째째, 여러	에게, 도	아주, 옛, 정말
⑤	옛, 여러	아주, 째째, 정말	에게, 도

문제 유형 테마 2

10 독립언에 대한 설명으로 적절하지 **않은** 것은?

① 문장 안에서 독립적으로 쓰인다.

② 형태는 변하지 않으며 조사와 결합하여 쓰이기도 한다.

③ 독립언에는 감탄사가 있는데 '앗, 아차, 어머나' 등이 있다.

④ 문장에서 위치가 자유로우며 생략해도 문장의 의미가 달라지지 않는다.

⑤ 문장에서 말하는 이의 놀람, 느낌, 부름, 대답을 표현하는 기능을 가지고 있다.

문제 유형 테마 2

11 밑줄 친 단어 중 감탄사가 **아닌** 것은?

① 응, 그렇게 하자!

② 아! 벌써 가을이야.

③ 철수야, 정말 오랜만이야.

④ 어머, 너도 여기에 왔구나?

⑤ 오! 오늘따라 저녁상이 푸짐하네!

문제 유형 테마 1

12 ㉠, ㉡, ㉢에 들어갈 말이 바르게 연결된 것은?

	㉠	㉡	㉢
①	불변어	조사	용언
②	용언	조사	불변어
③	조사	불변어	용언
④	불변어	용언	조사
⑤	조사	용언	불변어

문제 유형 테마 **1**

1 품사의 분류 기준이 같은 것끼리 묶으면?

보기
㉠ 명사	㉡ 불변어	㉢ 체언
㉣ 독립언	㉤ 부사	㉥ 용언
㉦ 가변어	㉧ 관형사	㉨ 형용사

① ㉠, ㉡, ㉥
② ㉡, ㉦, ㉧
③ ㉢, ㉣, ㉥
④ ㉤, ㉥, ㉨
⑤ ㉦, ㉧, ㉨

문제 유형 테마 **1**

2 [보기] 문장의 단어 중 형태가 변하는 것을 모두 고르면?

보기
나는 친구와 함께 떠난 여행에서 뜻깊은 추억을 만들었다.

① 나, 함께, 떠난
② 에서, 여행, 친구
③ 을, 추억, 뜻깊은
④ 추억, 와, 만들었다
⑤ 떠난, 뜻깊은, 만들었다

문제 유형 테마 **2**

3 밑줄 친 단어 중 품사가 다른 하나는?

① 너 하나만 있으면 돼.
② 우리 둘은 아주 친한 사이다.
③ 첫째, 웃어른께 인사를 잘해야 한다.
④ 주원이네 집에는 고양이 세 마리가 있다.
⑤ 이 빵은 셋으로 나누기에는 크기가 너무 작다.

문제 유형 테마 **2**

4 [보기]의 밑줄 친 단어의 품사와 그 예가 바르게 연결된 것은 고르면?

보기
• 그는 한 권의 책을 읽고 인생이 바뀌었다.
• 헌 신문지를 모아 종이 공예품을 만들었다.

	품사	예
①	명사	꽃, 나무, 바다, 수평선
②	수사	하나, 둘, 셋, 첫째, 둘째, 셋째
③	대명사	나, 너, 우리, 여기, 저기
④	관형사	옛, 이, 첫, 모든, 온갖
⑤	감탄사	아, 어머, 네, 여보세요, 아니오

문제 유형 테마 **2**

5 밑줄 친 단어와 품사가 제대로 연결되지 않은 것은?

① 감기에 걸려 기침이 멈추지 않았다. → 명사
② 학교 근처에 편의점 하나가 새로 생겼다. → 수사
③ 기차 시간 늦기 전에 서둘러 출발하자. → 형용사
④ 너도 친구의 결점을 이해하려고 노력했니? → 대명사
⑤ 여러 가지 상황을 미리 고려해 볼 필요가 있어. → 관형사

문제 유형 테마 **2**

6 다음 중 밑줄 친 단어의 품사에 대한 설명으로 적절한 것은?

① 아침에 눈을 뜨자마자 물을 마신다.
　→ 사람의 상태나 성질을 나타내는 형용사이다.
② 바다에 사는 생명체에게 플라스틱은 위험하다.
　→ 사람이나 사물의 이름을 대신 나타내는 대명사이다.
③ 맑게 갠 하늘에 구름 한 점 보이지 않았다.
　→ 용언을 꾸며 주는 역할을 하는 부사이다.
④ 시간이 없으니 쉬지 말고 열심히 하렴.
　→ 문장 안에서 위치에 영향을 받지 않고 독립적으로 쓰이는 감탄사이다.
⑤ 지구 온난화로 빙하가 녹자 북극곰은 살 곳을 찾아 나섰다.
　→ 체언에 붙어서 그 말과 다른 말의 문법적인 관계를 나타내는 조사이다.

문제 유형 테마 2

7 [보기]의 문장에서 사용된 수식언의 개수는?

> 보기
>
> 어느 날 토끼와 거북이가 달리기 시합을 하는데, 토끼는 깡충깡충 뛰어가서 아주 빨랐고, 거북이는 엉금엉금 기어가서 엄청 느렸습니다.

① 1개 ② 2개 ③ 3개

④ 4개 ⑤ 5개

문제 유형 테마 2

8 [보기]의 문장 속 단어들의 품사가 바르게 연결된 것은?

> 보기
>
> ㉠어제 ㉡장터는 수많은 관광객들이 ㉢밀려와 ㉣무척 ㉤어수선했다.

① ㉠: 대명사

② ㉡: 명사

③ ㉢: 형용사

④ ㉣: 관형사

⑤ ㉤: 동사

문제 유형 테마 2

9 밑줄 친 단어 중 부사가 아닌 것은?

① 일찍 자고 일찍 일어나야 건강해진다.

② 민제의 절약 습관은 정말 배울 점이 많구나.

③ 사이렌 소리를 듣고 급히 밖으로 빠져나갔다.

④ 과연 진호가 지각을 하지 않고 제시간에 올까?

⑤ 길을 가다 푸른 빛깔의 눈동자를 가진 아이를 만났다.

문제 유형 테마 2

10 [보기]의 문장에서 밑줄 친 단어들의 설명으로 적절한 것은?

> 보기
>
> 봄의 끝자락을 붙잡고 싶을 때 여름이 나를 반겼다.

① 조사이며 문장 안에서 홀로 쓰일 수 있다.

② 문장 안에서 놀람, 부름, 느낌 등을 표현하는 말이다.

③ 문장 안에서 단어들의 관계를 나타내는 기능을 가진다.

④ '이것은 과일이다.'에서 밑줄 친 단어와 같은 품사는 1개이다.

⑤ 주로 체언과 결합하고, 용언이나 부사와 같은 다른 품사와 결합할 수 없다.

※ [11~12번] 다음을 읽고 물음에 답하시오.

> 문장에서 성질이 비슷한 ㉠단어끼리 묶어 놓은 것을 '품사'라고 합니다. 단어㉡를 이렇게 ㉢비슷한 성질로 묶어 ㉣놓으면 ㉤더 쉽게 이해할 수 있습니다.
> ㉥'명사, 대명사, 수사'는 문장에서 주체와 같은 역할을 하고, ㉦'동사, 형용사'는 문장에서 체언을 서술해 주는 역할을 합니다. 그리고 ㉧'관형사, 부사'는 다른 말을 꾸며 주는 역할을 하고 ㉨'조사'는 문장에 쓰인 낱말들의 관계를 나타냅니다. 마지막으로 ㉩'감탄사'는 다른 말과 관계없이 독립적으로 쓰입니다.

문제 유형 테마 2

11 ㉠~㉤의 각 단어를 품사로 분류할 때, 그 설명으로 적절한 것은?

① ㉠은 명사로 문장 안에서 주체가 되는 단어이다.

② ㉡은 주체의 동작이나 상태를 설명하는 단어이다.

③ ㉢은 사람이나 사물의 동작을 나타내는 단어이다.

④ ㉣은 문장 속에서 그 형태가 변하지 않는다.

⑤ ㉤은 문장에서 다른 말들에 얽매이지 않고 독립적이다.

문제 유형 테마 1

12 ㉥~㉩을 문장에서 쓰이는 기능에 따라 분류할 때, 바르게 연결한 것을 고르면?

① ㉥: 용언 ② ㉦: 체언 ③ ㉧: 관계언

④ ㉨: 수식언 ⑤ ㉩: 독립언

이 단원에서 만나게 될
테마와 유형

9. 어휘의 체계와 양상

어휘

일정한 기준으로 묶은 단어들의 집합

색깔 어휘

빨강 파랑 노랑 연두 주황

가족 호칭 어휘

언니 엄마 아빠 누나 오빠

어휘의 체계

| 고유어 | 본디 있던 순우리말 | 나비 | 달리다 |

| 한자어 | 한자가 바탕이 된 말 | 학교 (學校) | 시계 (時計) |

| 외래어 | 다른 나라에서 온 말 | 컴퓨터 (computer) | 빵 (pão) |

어휘의 양상

표준어

교양 있는 사람들이 두루 쓰는 현대 서울말

안녕하세요!

방언

지역 방언	사회 방언
함경도 방언	은어
평안도 방언	전문어
강원도 방언	세대 / 성별
충청도 방언	
전라도 방언	
경상도 방언	
제주도 방언	

유형 분석	어휘의 개념 알기 일정한 범위에서 쓰이는 단어들의 집합	단어의 기원에 따른 어휘의 체계 이해하기 고유어(순우리말) / 한자어(한자) / 외래어(외국)

한눈에 쏙 개념 잡기

💙 우리말의 어휘 체계

1. 어휘의 개념: 일정한 범위에서 쓰이는 단어들의 집합을 말한다.

> 예 슬프다, 기쁘다, 행복하다, 힘겹다 등 (감정 어휘)
> 아버지, 어머니, 이모, 고모, 삼촌, 큰아버지 등 (친족 호칭 어휘)

2. 단어의 기원(단어가 어디에서 비롯되었나)에 따른 어휘의 체계

	고유어	한자어	외래어
개념	우리말에 원래부터 있었거나 그것을 바탕으로 하여 새로 만들어진 순우리말 예 사랑, 하늘, 어머니, 새롭다	중국의 한자를 바탕으로 만들어진 말 예 시계(詩計), 안경(眼鏡)	외국에서 들어왔지만 우리말처럼 사용되는 말 예 버스(bus), 커피(coffee)
특징	• 우리 민족의 정서와 문화가 반영된 표현이 풍부 예 농경 문화가 바탕이 된 말: 벼, 쌀, 밥 • 감각적인 표현이 발달: 색깔, 맛, 모양, 소리 예 불그스름하다, 달콤하다, 깡충깡충, 풍당풍당 • 일상생활 언어에 쓰이고 다의어(뜻이 여러 개인 단어)가 많음 예 고치다 (병을 / 답을 / 물건을…)	• 우리말에서 가장 큰 비중을 차지 • 자세하고 분명한 뜻을 가지고 있어 고유어를 보완함 예 병을 고치다 = 치료(治療) 답을 고치다 = 수정(修正) 물건을 고치다 = 수리(修理) • 추상적인 개념이나 전문 용어를 다루기에 용이 예 심리(心理), 의료(醫療), 재판(裁判), 외교(外交)	• 다른 나라의 문화를 받아들이는 과정에서 들어온 말로 우리말 어휘를 풍부하게 함 예 택시(taxi), 피아노(piano), 라디오(radio) • 지나치게 사용하면 우리말의 정체성을 위협할 수 있으므로 순화하고자 하는 노력이 필요

🔍 정답과 해설 18쪽

개념 체크

1 다음 빈칸에 들어갈 알맞은 말을 쓰세요.

(1) 고유어는 원래부터 있던

　ㅅ　ㅇ　ㄹ　ㅁ　이다.

(2) 중국의　ㅎ　ㅈ　를 바탕으로 만들어진

말은 한자어이다.

(3)　ㅇ　ㄹ　ㅇ　는 외국에서 온 말로 우리

말처럼 쓰인다.

유형 체크

2 우리말의 어휘 체계에 대한 설명으로 적절한 것을 고르세요.

① '시계, 안경'은 고유어에 해당한다.

② '커피, 어머니, 버스'는 외래어에 해당한다.

③ 우리말은 고유어, 한자어, 외국어로 나눌 수 있다.

④ 한자어는 중국의 한자를 바탕으로 만들어진 말이다.

⑤ 외래어는 우리말을 바탕으로 새로 만들어진 말이다.

문제 유형 36 표준어와 방언에 대한 설명으로 적절한 것은?

유형 분석	말이 다양한 모습을 가지는 요인 알기 지역과 사회 계층	어휘의 양상 이해하기 표준어 / 방언(지역 방언 · 사회 방언)

한눈에 쏙 개념 잡기

우리말의 어휘 양상

- 사람들이 사용하는 말이 지닌 다양한 모습을 **어휘 양상**이라고 하며, 말이 달라지는 요인으로 **지역**과 **사회 계층**을 들 수 있다.

1. **표준어**: 한 나라에서 **공용**으로 쓰기 위해 **규범**으로 정한 말로 **공식적인 상황**에서 다수의 사람들과 소통할 때 사용한다.

> (예) 표준어를 사용하는 공식적인 상황: 방송, 출판(책), 신문, 학술 보고서 등

2. **방언**: 같은 언어 안에서 지역이나 사회 계층에 따라 달라진 말로, **지역 방언**과 **사회 방언**이 있다.

   방언을 사용하면 **같은 지역이나 집단 사람끼리 친밀감**이 형성되지만, 그 **지역이나 집단 사람**이 아닐 경우 의사소통이 어렵고 **소외감**을 줄 수 있다.

	지역 방언	사회 방언
개념	지리적 요인으로 달라진 말	세대, 성별, 직업과 같은 사회적 요인으로 달라진 말
예시	(예) 표준어: 부침개 · 경기도: 부치개 · 충청도: 부치기 · 경상북도: 찌짐개 · 전라남도: 떡전 · 제주도: 지진떡	· **은어**: 다른 사람들이 알아듣지 못하게 특정 집단 안에서만 쓰는 말 (예) 게임 집단에서 사용하는 '현질' (아이템을 돈 주고 구매하는 것) · **전문어**: 각 분야의 전문 직업인들이 쓰는 말 (예) 의사가 사용하는 '어레스트' (심장 마비) · **세대와 성별**: - 청소년 / 노인 세대가 쓰는 말이 다름 - 성별에 따라 쓰는 어휘가 다름

📝 정답과 해설 **18쪽**

개념 체크

1 괄호 안에 들어갈 알맞은 말을 골라 보세요.

(1) 한 나라에서 공용으로 쓰기 위해 정한 말은 (표준어 / 방언)이다.

(2) 특정 집단 안에서 다른 사람들이 알아듣지 못하게 만든 말은 (은어 / 전문어)이다.

(3) 지리적 요인으로 달라진 말은 (지역 방언 / 사회 방언)이다.

유형 체크

2 우리말의 어휘 양상에 대한 설명으로 적절한 것을 고르세요.

① 방언은 주로 공식적인 상황에서 사용한다.

② 표준어는 사회적 요인으로 달라진 말이다.

③ 방언이란 시간의 흐름에 따라 달라진 말이다.

④ 의사가 사용하는 의학 전문 용어는 사회 방언의 예이다.

⑤ '부침개'를 지역에 따라 달리 말하는 것은 사회 방언의 예이다.

문제 유형 테마 1

1 우리말의 어휘 체계에 대한 설명으로 적절한 것은?

① 우리말에 원래부터 있던 말은 외래어이다.

② 한자를 바탕으로 만들어진 말은 고유어다.

③ '버스, 시계, 안경'은 한자어에 속하는 말이다.

④ '달리다, 퐁당퐁당'은 고유어에 속하는 말이다.

⑤ '머리카락, 볼펜, 컴퓨터'는 외래어에 속하는 말이다.

문제 유형 테마 1

2 단어를 어휘 체계에 따라 분류할 때 바르게 연결되지 않은 것은?

① 사랑 – 고유어

② 우정 – 한자어

③ 하늘 – 한자어

④ 커피 – 외래어

⑤ 피아노 – 외래어

문제 유형 테마 1

3 [보기]에서 밑줄 친 어휘의 특성으로 적절한 것은?

> 보기
>
> 오늘은 원래 버스를 타려고 했는데 시간이 늦어서 택시를 탔어. 가면서 라디오 사연을 들었는데 무척 감동적이어서 오래도록 기억에 남더라.

① 우리말에 원래부터 있던 순우리말이다.

② 외국에서 들어왔지만 우리말처럼 쓰는 말이다.

③ 각 분야의 전문적인 직업인이 주로 쓰는 말이다.

④ 세대, 성별, 직업 등 사회적 요인으로 달라지는 말이다.

⑤ 다른 사람들이 알아듣지 못하게 특정 집단에서만 쓰는 말이다.

문제 유형 테마 2

4 우리말의 어휘 양상에 대한 설명으로 적절한 것은?

① 전문 집단에서 쓰는 전문어는 지역 방언에 해당한다.

② 게임을 하는 집단에서 쓰는 '현질'은 은어에 해당한다.

③ 표준어는 지역이나 사회 계층에 따라 달라지는 말이다.

④ 우리나라에서 공용으로 쓰기 위해 정한 말은 방언이다.

⑤ 방언은 지역이나 집단에 관계없이 친밀감을 높여 주는 말이다.

문제 유형 테마 2

5 [보기]에서 밑줄 친 어휘의 특성으로 적절한 것은?

> 보기
>
> 어제 드라마를 보는데, 의사들은 심장 마비를 '어레스트'라고 말하더라.

① 전문 직업인들이 쓰는 말이다.

② 세대에 따라 다르게 쓰는 말이다.

③ 사는 지역이 달라 생겨난 말이다.

④ 중국의 한자를 바탕으로 만든 말이다.

⑤ 나라에서 공용으로 쓰기 위해 규범으로 정한 말이다.

문제 유형 테마 2

6 [보기]의 대화에서 친구들이 서로의 말을 알아듣지 못한 이유로 적절한 것은?

> 보기
>
> **기원**: 이거 찌짐개 아이가?
> **성훈**: 찌짐개는 또 뭐여? 떡전이라고 해야제.
> **유라**: 무슨 말이야? 이건 부침개야.

① 직업에 따라 쓰는 말이 다르기 때문이다.

② 세대에 따라 쓰는 말이 다르기 때문이다.

③ 지역에 따라 쓰는 말이 다르기 때문이다.

④ 취미에 따라 쓰는 말이 다르기 때문이다.

⑤ 성별에 따라 쓰는 말이 다르기 때문이다.

문제 유형 테마 **1**

1 우리말의 어휘 체계에 대한 설명으로 적절하지 <u>않은</u> 것은?

① 한자어는 우리말에서 가장 큰 비중을 차지한다.

② 고유어는 추상적인 개념 용어를 다루기 적절하다.

③ 고유어에는 우리 민족의 정서와 문화가 반영된 표현이 풍부하다.

④ 외래어는 다른 나라의 문화를 받아들이는 과정에서 들어온 말이다.

⑤ 한자어는 자세하고 분명한 뜻을 표현할 수 있어 고유어의 쓰임새를 보완한다.

문제 유형 테마 **1**

2 [보기]의 단어들이 가지는 특징으로 적절한 것은?

보기

버스 / 피아노 / 커피 / 스파게티 / 피자 / 플루트

① 우리말에 원래 있던 말이다.

② 중국의 한자를 바탕으로 만들어진 말이다.

③ '안경, 치료, 외교'와 같이 분류되는 말이다.

④ 색깔, 맛, 모양, 소리와 같은 감각적인 표현이 발달했다.

⑤ 문화 교류를 하며 받아들인 말로 지나치게 사용하면 우리말의 정체성을 위협할 수 있다.

문제 유형 테마 **2**

3 [보기]의 설명에 해당하는 개념을 바르게 짝지은 것은?

보기

A: 다른 사람들이 알아듣지 못하게 특정 집단 안에서만 쓰이는 말
B: 각 분야의 전문 직업인들이 업무 효율성을 위해서 사용하는 말

	A	B
①	은어	한자어
②	고유어	표준어
③	은어	전문어
④	전문어	은어
⑤	한자어	고유어

문제 유형 테마 **1**

4 [보기]의 설명에 해당하는 어휘의 예로 적절한 것은?

보기

우리말에 원래부터 있었거나 그것을 바탕으로 하여 새로 만들어진 순우리말

① 기쁨 / 마을 / 탁자

② 볼펜 / 숙제 / 연필

③ 부모 / 입구 / 초콜릿

④ 소리 / 아이스크림 / 인터넷

⑤ 고양이 / 깡충깡충 / 낭떠러지

문제 유형 테마 **2**

5 [보기]의 대화에서 알 수 있는 사실로 가장 적절한 것은?

보기

할아버지: 선물은 마음에 드니?
손녀: 와, 쩔어요!
할아버지: 쩔어? 선물에 뭐가 묻었니?

① 가족에 따라 쓰는 어휘가 다르다.

② 성별에 따라 쓰는 어휘가 다르다.

③ 세대에 따라 쓰는 어휘가 다르다.

④ 지역에 따라 쓰는 어휘가 다르다.

⑤ 직업에 따라 쓰는 어휘가 다르다.

문제 유형 테마 **2**

6 우리말의 어휘 양상에 대해 바르게 설명한 학생을 <u>모두</u> 고르면?

보기

영민: 가새, 가우, 가시개처럼 지역별로 가위를 가리키는 말이 많은 건 지리적 요인으로 말이 달라졌기 때문이야.
희영: 방송이나 책, 신문에서는 모두가 이해할 수 있도록 '가위'라고 써야 해.
우주: 의사들은 수술할 때 쓰는 가위를 다르게 부르던데 의사소통에 장애가 되니까 '가위'로 통일해서 쓰는 게 좋겠어.
진형: 방언으로 말하면 알아듣지 못해 소외감을 느끼는 사람이 있을 수도 있으니 주의가 필요해.

① 영민, 희영　　　　② 희영, 진형

③ 우주, 진형　　　　④ 영민, 우주, 진형

⑤ 영민, 희영, 진형

중학 국어를 관통하는
36개의 필수 문제 유형
다시 보기

성취도 평가

성취도 평가 1회

성취도 평가 2회

성취도 평가 1회

이름   점수   문항 수 20개 | 문항당 5점

[01~04] 다음 글을 읽고 물음에 답하시오.

> **가** 돌담에 속삭이는 햇발같이
> 풀 아래 웃음 짓는 샘물같이
> 내 마음 고요히 고운 봄 길 위에
> 오늘 하루 하늘을 우러르고 싶다.
>
> ㉠새악시 볼에 떠오는 부끄럼같이
> 시의 가슴에 살포시 젖는 물결같이
> 보드레한 에메랄드 얇게 흐르는
> 실비단 하늘을 바라보고 싶다.
>
>   - 김영랑, 「돌담에 속삭이는 햇발같이」
>
> **나** ㉡꽃가루와 같이 부드러운 고양이 털에
> 고운 봄의 향기가 어리우도다.
>
> 금방울과 같이 호동그란 고양이의 눈에
> 미친 봄의 불길이 흐르도다.
>
> 고요히 다물은 고양이의 입술에
> 포근한 봄의 졸음이 떠돌아라.
>
> 날카롭게 쭉 뻗은 고양이의 수염에
> 푸른 봄의 생기가 뛰놀아라.
>
>   - 이장희, 「봄은 고양이로다」

01 이와 같은 글의 특징으로 적절한 것은?

① 정확하고 객관적인 정보를 다룬다.
② 영화나 드라마 상영을 목적으로 한다.
③ 함축적인 말로 운율을 살려 표현한다.
④ 설득을 위해 분명한 주장과 타당한 근거를 밝힌다.
⑤ 상상을 바탕으로 만든 인물 간의 갈등이 두드러진다.

02 **가**, **나**의 화자에 대한 설명으로 적절한 것은?

① **가**: 봄을 동경하는 마음을 표현하고 있다.
② **가**: 과거를 극복하려는 의지를 드러내고 있다.
③ **나**: 강인하고 남성적인 어조로 노래하고 있다.
④ **나**: 봄날의 서글펐던 기억으로 괴로워하고 있다.
⑤ **나**: 고양이가 활기차게 움직이는 모습을 관찰하고 있다.

03 ㉠과 같은 종류의 심상이 느껴지는 것은?

① 메마른 입술이 쓰디쓰다
② 매화 향기 홀로 아득하니
③ 어데 닭 우는 소리 들렸으랴
④ 하이얀 모시 수건을 마련해 두렴
⑤ 시의 가슴에 살포시 젖는 물결같이

04 ㉡과 동일한 표현 방법이 사용된 것은?

① 나의 길 새로운 길
② 엄마야 누나야 강변 살자
③ 굽이진 돌담을 돌아서 돌아서
④ 옥수숫대처럼 크게 닷 자 엿 자 자라게
⑤ 님은 갔지만 나는 님을 보내지 아니하였습니다

[05~08] 다음 글을 읽고 물음에 답하시오.

[지난 줄거리]

　며칠 전 문기는 숙모의 심부름으로 삼거리 고깃간에 고기를 사러 갔다가 낸 돈보다 많은 돈을 거스름돈으로 받게 되었다. 그 이야기를 들은 수만이는 거스름돈을 몰래 같이 쓰자고 한다. 문기는 수만이의 말대로 은전 몇 닢만 숙모에게 전해 주고 지전 아홉 장은 자신이 가졌다.

가 수만이가 있다던 좋은 일이란 다른 것이 아니었다. 거리에서 보고 지내던 온갖 가지고 싶고 해 보고 싶은 가지가지를 한번 모조리 돈으로 바꾸어 보자는 것이다. 그러나 문기는,

"돈을 쓰면 어떻게 되니?"

"염려 없어. 나 하는 대로만 해."

하고 머뭇거리는 문기 어깨에 팔을 걸고 수만이는 우쭐거리며 걸음을 옮긴다.

나 삼촌은 상 밑에 그 공을 굴려 내며,

"이거 웬 공이냐?"

"수만이가 준 공예요."

"이것두?"

하고 삼촌은 무릎 밑에서 쌍안경을 꺼내 들었다.

"네." (중략)

"네 입으로 수만이가 줬다니 네 말이 옳겠지. 설마 네가 날 속이기야 하겠니. 하지만 남이 준다고 아무 것이고 덥적덥적 받는다는 것두 좀 생각해 볼 일이거든."

다 문기는 삼거리 고깃간을 향해 갔다. 그리고 뒷골목으로 돌아가 나머지 돈을 종이에 싸서 담 너머로 그 집 안마당을 향해 던졌다.

그제야 문기는 무거운 짐을 풀어놓은 듯 어깨가 거뜬했다.

라 "난 인제 돈 가진 것 없다."

"뭐?"

하고 수만이는 의외라는 듯 눈이 둥그레지다가는 금세 능청스러운 웃음을 지으며

"너 혼자 두고 쓰잔 말이지? 그러지 말구 어서 가자."

"정말 없어. 지금 고깃간 집 안마당으로 던져 주고 오는 길야. 공두 쌍안경두 버리구." (중략)

수만이는 문기 앞으로 다가서며 작은 음성으로 조졌다.

"너, 지금으로 가지고 나오지 않으면 낼은 가만 안 둔다. 도적질했다 하구 똑바루 써 놀 테야."

마 문기는 여전히 못 들은 척 걸음만 옮긴다. 자기 집 마당엘 들어섰다. 숙모는 뒤꼍에서 화초 모종을 하는지 여기 심어라 저기 심어라 하고 아랫집 심부름하는 아이와 이야기하는 소리가 날 뿐 집 안엔 아무도 없다.

　그리고 눈앞에 보이는 붙장 안 앞턱에 잔돈 얼마와 지전 몇 장이 놓여 있다. 그리고 문밖엔 지금 수만이가
_{부엌 벽의 안쪽이나 바깥쪽에 붙여 만든 장}
돈을 가지고 나오기를 기다리고 섰다. 여기서 문기는 두 번째 허물을 범하고 말았다. (중략)

　숙모가 방에서 나오다 보고,

"너 학교에서 인제 오니?"

그리고 이어

"너 혹 붙장 안의 돈 봤니?"

하다가는 채 문기가 입을 열기 전에 숙모는

"학교서 지금 오는 애가 알겠니. 참, 점순이 고년 앙큼헌 년이더라. 낮에 내가 뒤꼍에서 화초 모종을 내고 있는데 집을 간다고 나가더니 글쎄, 돈을 집어 갔구나."

문기는 잠잠히 듣기만 한다.

바 학교엘 갔다. 첫 시간은 수신 시간, 그리고 공교로이 제목이 '정직'이다. (중략) 문기는 자기 한 사람에게만 들리기 위한 정직이요, 수신 시간인 듯싶었다. 그만치 선생님은 제 속을 다 들여다보고 하는 말인 듯싶었다.

　운동장에서도 문기는 풀이 없다. 사람 없는 교실 뒤 버드나무 옆 그런 데만 찾아다니며 고개를 숙이고 깊은 생각에 잠기거나 팔짱을 찌르고 왔다 갔다 하기도 한다. 그러다 누가 등을 치면 소스라쳐 깜짝깜짝 놀란다.

　언제나 다름없이 하늘은 맑고 푸르건만 문기는 어쩐지 그 하늘조차 쳐다보기가 두려워졌다. 자기는 감히 떳떳한 얼굴로 그 하늘을 쳐다볼 만한 사람이 못 된다 싶었다.

사 "작은아버지."

하고 문기는 입을 열었다. 그리고,

"저는 마땅히 받아야 할 벌을 받은 거예요."

하고 문기는 눈을 감으며 한 마디 한 마디 그러나 똑똑하게 처음서부터 끝까지, 먼저 고깃간 주인이 일 원을 십 원으로 알고 거슬러 준 것, 그 돈을 써 버린 것, 그리고 또 붙장 안의 돈을 자기가 훔쳐 낸 것, 이렇게

하나하나 숨김없이 자백을 하자 이때까지 겹겹으로 몸을 싸고 있던 허물이 한 꺼풀 한 꺼풀 벗어지면서 따라 마음속의 어둠도 차차 사라지며 맑아지는 것을 문기는 확실히 깨달을 수 있었다. 마음이 맑아지며 따라 몸도 가뜬해진다.

- 현덕, 「하늘은 맑건만」

05 이와 같은 글의 특징으로 적절한 것은?

① 일상의 경험을 통해 교훈을 전달하는 글이다.

② 해설, 대사, 지시문으로 이야기를 재현하는 글이다.

③ 현실을 바탕으로 상상력을 발휘하여 꾸며 쓴 글이다.

④ 주장을 명확하게 밝혀 다른 사람을 설득하기 위해서 쓴 글이다.

⑤ 개인의 정서를 함축적이고 운율감이 느껴지는 언어로 표현한 글이다.

06 다음 중 내용을 제대로 이해한 사람은?

① 규민: 문기가 거스름돈 쓰는 것을 머뭇거리자 수만이가 부추겼구나.

② 민건: 문기는 삼거리 고깃간 주인을 만나서 직접 돈을 돌려주고 마음이 편해졌어.

③ 우희: 삼촌은 문기의 잘못을 보고도 밝히지 못해 내내 마음이 불편하고 괴로웠어.

④ 재용: 문기는 학교에서 심한 괴롭힘을 당해 운동장에서도 사람이 없는 곳만 찾아다녔어.

⑤ 하랑: 수만이는 문기에게 더 이상 돈이 없다는 것을 알면서도 괴롭힐 생각에 돈을 가져오라고 협박했어.

07 이 글의 등장인물에 대한 설명으로 적절하지 않은 것은?

① 삼촌은 문기의 말을 전적으로 신뢰하고 있다.

② 문기는 수만이가 하자는 대로 휘둘리고 있다.

③ 문기는 자신의 저지른 일에 죄책감을 느끼고 있다.

④ 수만이는 교활하게 문기의 약점을 잡아 괴롭히고 있다.

⑤ 선생님은 문기의 마음을 헤아려 지혜롭게 가르침을 전하고 있다.

08 다음 중 소설 속에 드러난 갈등에 대한 설명으로 적절하지 않은 것은?

① 다: 고깃간에 돈을 돌려주고 문기의 내적 갈등이 잠시 해소되었다.

② 라: 돈을 둘러싼 수만과 문기의 외적 갈등이 심화되고 있다.

③ 마: 없어진 돈의 행방을 두고 문기와 숙모 사이에 외적 갈등이 발생했다.

④ 바: 문기는 훔친 돈 때문에 심한 내적 갈등을 겪고 있다.

⑤ 사: 문기는 모든 일을 털어놓고 내적 갈등에서 벗어날 수 있었다.

㉮ 비로소 1등을 한 마라토너는 이미 이 삼거리를 지난 지가 오래라는 걸 알 수 있었다. 이 삼거리에서 골인 지점까지는 몇 킬로미터나 되는지 자세히는 몰라도 상당한 거리다. 그런데도 아직까지 통행이 금지된 걸 보면 후속 주자들이 남은 모양이다. 꼴찌에 가까운 주자들이.

그러자 나는 그만 맥이 빠졌다. 나는 영광의 승리자의 얼굴을 보고 싶었던 것이지 비참한 꼴찌의 얼굴을 보고 싶었던 건 아니었다.

㉯ 나도 무감동하게 푸른 유니폼이 가까이 오는 것을 바라보면서 저 사람은 몇 등쯤일까, 20등? 30등? 저 사람이 세운 기록도 누가 자세히 기록이나 해 줄까? 대강 이런 생각을 했다. 그리고 그 20등, 아니면 30등의 선수가 조금쯤 우습고, 조금쯤 불쌍하다고 생각했다.

푸른 마라토너는 점점 더 나와 가까워졌다. 드디어 나는 그의 표정을 볼 수 있었다.

㉰ 나는 그런 표정을 생전 처음 보는 것처럼 느꼈다. 여태껏 그렇게 정직하게 고통스러운 얼굴을, 그렇게 정직하게 고독한 얼굴을 본 적이 없다. ㉠가슴이 뭉클하더니 심하게 두근거렸다. 그는 20등, 30등을 초월해서 위대해 보였다. 지금 모든 환호와 영광은 우승자에게 있고 그는 환호 없이 달릴 수 있기에 위대해 보였다.

나는 그를 위해 뭔가 하지 않으면 안된다고 생각했다. 왜냐하면 내가 좀 전에 그 20등, 30등을 우습고 불쌍하다고 생각했던 것처럼 그도 자기의 20등, 30등을 우습고 불쌍하다고 생각하면서 엣다 모르겠다 하고 그 자리에 주저앉아 버리면 어쩌나, 그래서 내가 그걸 보게 되면 어쩌나 싶어서였다.

어떡하든 그가 그의 20등, 30등을 우습고 불쌍하다고 느끼지 말아야지 느끼기만 하면 그는 당장 주저앉게 돼 있었다. 그는 지금 그가 괴롭고 고독하지만 위대하다는 걸 알아야 했다.

㉱ 나는 용감하게 인도에서 차도로 뛰어내리며 그를 향해 열렬한 박수를 보내며 환성을 질렀다.

나는 그가 주저앉는 걸 보면 안 되었다. 나는 그가 주저앉는 걸 봄으로써 내가 주저앉고 말 듯한 어떤 미신적인 연대감마저 느끼며 실로 열렬하고도 우렁찬 환

영을 했다.

㉲ 내 고독한 환호에 딴 사람들도 합세를 해 주었다. 푸른 마라토너 뒤에도 또 그 뒤에도 주자는 잇따랐다. 꼴찌 주자까지를 그렇게 열렬하게 성원하고 나니 손바닥이 붉게 부풀어 올라 있었다.

그러나 뜻밖의 장소에서 환호하고픈 오랜 갈망을 마음껏 풀 수 있었던 내 몸은 날듯이 가벼웠다.

㉳ 그전까지만 해도 나는 마라톤이란 매력 없는 우직한 스포츠라고밖에 생각 안 했었다. 그러나 앞으론 그것을 좀 더 좋아하게 될 것 같다.

- 박완서, 「꼴찌에게 보내는 갈채」

09 이와 같은 글에 대한 설명으로 적절하지 <u>않은</u> 것은?

① 글의 소재가 다양하다.

② 글의 형식이 자유롭다.

③ 전문적인 지식을 바탕으로 쓴 글이다.

④ 글쓴이만의 독특한 개성이 잘 드러난다.

⑤ 경험에서 비롯된 깨달음으로 삶을 성찰하는 글이다.

10 글쓴이가 ㉠과 같이 생각한 이유로 적절한 것은?

① 얼굴이 낯익은 주자를 만나 반가워서

② 20등, 30등 선수의 처지가 자신과 비슷하다고 느껴서

③ 뒤에서 달리는 주자들끼리 서로 격려하며 응원해 주는 모습이 훈훈해서

④ 순위에 개의치 않고 인내하며 끝까지 달리는 선수들의 모습에 감동해서

⑤ 꼴찌로 달리는 선수들에게 응원해 주는 사람들이 없어 안타깝고 불쌍해서

11 이 글을 읽고 떠올린 생각으로 적절하지 않은 것은?

① 마라톤 경기를 관람했던 기억을 떠올려 본다.

② 마라톤 꼴찌 주자와 자신의 상황을 연결 지어 생각해 본다.

③ 평소에 뒤처지는 아이들에 대해 어떤 생각을 품고 있었는지 돌아본다.

④ 글쓴이가 꼴찌 주자를 응원했던 경험을 통해 어떤 교훈을 전하고자 했는지 짐작해 본다.

⑤ 꼴찌 주자의 행동을 거울삼아 낙오되지 않기 위해 어떤 노력을 해야 할지 생각해 본다.

12 이 글에 가장 큰 위로를 받을 사람은?

① 취미로 마라톤을 배우기 시작한 기찬

② 등수는 숫자에 불과하다며 공부를 게을리하는 나영

③ 피아노 콩쿠르에서 입상하지 못해 크게 실망한 성진

④ 무슨 일이든지 혼자서 하는 것에 두려움을 느끼는 은정

⑤ 우주 비행사는 불가능한 꿈이라고 생각하고 포기하는 효린

[13~16] 다음 글을 읽고 물음에 답하시오.

가 ㉠문은 여닫는 방법에 따라 크게 옆으로 밀어 여는 미닫이문과 안팎으로 여닫는 여닫이문이 있는데, 여닫이문은 다시 실내를 기준으로 하여 문이 안쪽으로 열리는 안여닫이와 바깥쪽으로 열리는 밖여닫이, 그리고 안팎으로 모두 열리는 양여닫이로 나뉜다. 그런데 이러한 문들은 건물의 쓰임새에 따라 어떤 건물에는 안여닫이가, 어떤 건물에는 밖여닫이가 사용된다.

문이 열리는 방향이 왜 이렇게 달라야 할까? 무엇을 기준으로 안여닫이와 밖여닫이로 나뉘는 것일까? 여기에는 사회의 관습이나 개인의 기호와 같은 다양한 변수가 작용한다. 그러나 이를 기능의 측면에 국한해서 살펴보면, 건축에서 문의 방향을 결정하는 요인은 크게 세 가지 정도로 꼽을 수 있다. 첫째, 공간의 활용, 둘째, 비상시의 대피, 셋째, 행동 과학이 그것이다.

나 현관은 개인의 공간인 집 안과 사회의 공간인 집 밖을 연결하는 통로 역할을 한다. 현관문은 보통 밖으로 열리는데, 그 방향을 결정하는 요인은 주거 형태가 아파트냐 아니냐에 따라 다르다.

아파트를 제외한 주택의 현관문은 문을 여닫는 방향을 결정하는 요인이 공간 활용인 측면이 강하다. 신을 신고 실내로 들어가는 외국과 달리 한국에서는 신을 벗고 실내로 들어간다. 즉 신을 벗어 둘 공간이 필요한 것이다. (중략) 물론 현관이 아주 넓다면 상관없겠지만, 일반적으로 사람들은 현관보다 방 공간이 더 넓기를 원한다.

그에 비해 아파트의 현관문은 비상시의 대피를 더 중요시한다. 아파트는 여러 세대가 밀집해서 사는 공동 주택이다. 이러한 아파트에 사고가 난다면 많은 사람이 동시에 재난을 당할 수 있다. 그래서 문을 여닫는 방향은 사람들의 대피가 수월하도록 반드시 피난 방향으로 열리게 법으로 규정하고 있다. 즉 아파트의 현관문은 사람들이 들어오는 것보다 나가는 데에 더 큰 관심이 있음을 뜻한다.

다 방문은 보통 안쪽으로 열리는데, 그 결정 요인은 공간 활용과 행동 과학으로 설명할 수 있다.

현대 주택에서 방과 방은 보통 거실을 중심으로 연결되어 있다. 그런데 방문이 모두 방의 바깥쪽, 즉 거실

쪽으로 열린다면 거실은 방문에 가려서 그저 좀 큰 복도와 같이 되어 버릴 것이다. 이는 공간 활용 면에서 매우 비효율적이다.

행동 과학의 측면에서는 어떨까? 간단한 일상의 예로 이해해 보자. 민형이 어머니는 밤늦도록 공부하는 아들을 위해 간식을 준비해서 아들의 방문을 두드린다. 그 순간 방 안에서 공부하던 민형이가 방문을 밖으로 열고 나온다면? 당연히 어머니와 부딪히고, 어머니가 준비한 간식은 바닥에 나동그라지고 말 것이다. 생각해 보라. 어느 누가 자기 방에서 나오면서 노크를 하고 나오겠는가. 이처럼 방문을 안쪽으로 열도록 다는 것은 방 밖에 있는 누군가를 배려하기 위해서이다.

라 은행은 다른 어느 곳보다도 안전과 신용을 중시하는 곳이다.

물론 모든 건축이 안전을 전제한다는 점은 은행과 마찬가지이다. ⓒ단지 대부분의 건축이 생각하는 안전은 재난으로부터의 대피에 주 관심사가 놓여 있는 데 비해, 은행은 도난으로부터의 안전이 주 관심사인 차이가 있다.

그래서 은행에는 안여닫이를 다는 것이다. 도둑이나 강도가 범죄를 저지르고 도망칠 때 쉽게 도망치지 못하도록 말이다.

물론 은행에도 화재가 일어날 수 있고, 많은 사람이 출입하는 공공장소이기 때문에 대피에 관한 관심을 완전히 배제할 수는 없다. 그러나 대부분 은행은 1층, 그것도 큰길에 바로 접해 있다. 그만큼 외부로 대피하기 쉬우므로 도난으로부터의 안전을 우선시하는 것이다. 물론 은행의 안전이 출입문 하나로 해결되는 것은 아니다. 그러나 문을 안으로 열게 하여 단 1초라도 도둑의 도피 시간을 지연하자는 의도가 거기에 숨어 있다.

- 이재인, 「은행 문은 왜 안쪽으로 열릴까」

---

13 이 글을 읽고 답을 찾을 수 있는 질문을 [보기]에서 고르면?

보기
〈A〉 집에서 현관이 가지는 역할은 무엇일까?
〈B〉 방문이 안쪽으로 열리도록 만드는 이유는 무엇일까?
〈C〉 문이 열리는 방향을 결정하는 요인에는 무엇이 있을까?
〈D〉 아파트에서 사고가 났을 때 대피하는 방법은 무엇일까?

① 〈A〉, 〈B〉
② 〈A〉, 〈C〉
③ 〈A〉, 〈B〉, 〈C〉
④ 〈A〉, 〈C〉, 〈D〉
⑤ 〈B〉, 〈C〉, 〈D〉

14 ㉠, ㉡에 사용된 설명 방법으로 적절한 것은?

① ㉠은 정의를 활용하여 '문'의 개념을 설명하고 있다.
② ㉠은 분석을 활용하여 문의 종류를 설명하고 있다.
③ ㉡은 비교를 활용하여 은행과 다른 건축물의 공통점을 설명하고 있다.
④ '지구의 기온이 높아지면 빙하가 녹는다'에는 ㉠의 설명 방법이 쓰였다.
⑤ '상어는 어류에 속하지만 고래는 포유류에 속한다'에는 ㉡의 설명 방법이 쓰였다.

15 이 글을 요약한 내용으로 적절하지 <u>않은</u> 것은?

> ①문은 여닫는 방법에 따라 미닫이문과 여닫이문이 있고, 여닫이문은 다시 안여닫이와 밖여닫이, 양여닫이로 나눌 수 있다. ②건축에서 문의 방향은 공간의 활용, 비상시의 대피, 행동 과학의 원리를 고려하여 결정된다. ③주택의 현관문은 비상시 대피를 위해서, 아파트의 현관문은 공간 활용을 위해서 문을 바깥으로 열리게 만든다. ④방문은 공간 활용과 행동 과학의 측면을 고려하여 안으로 열리게 만든다. ⑤은행은 도난으로부터의 안전을 우선시하여 도둑의 도피 시간을 늦추기 위해 안쪽으로 열리게 만든다.

16 이 글을 읽은 후 독자의 반응으로 적절하지 <u>않은</u> 것은?

① 앞으로 은행에 가게 되면 문의 방향을 유심히 살펴보게 될 것 같아.

② 건물의 쓰임새에 따라 문이 열리는 방향이 달라진다는 점이 흥미로웠어.

③ 주거 형태에 따라 문의 방향을 결정하는 이유가 달라진다는 것을 알게 되었어.

④ 글에서 다루지 않은 다른 공간의 문은 어떤 방향으로 열리는지 조사해 보려고 해.

⑤ 은행 문이 안쪽으로 열리는 것은 안전보다 더 중요하게 여기는 요인이 있기 때문이라는 걸 깨달았어.

17 [보기]에서 설명하는 언어의 본질이 바르게 짝지어진 것은?

> 보기
> ㉠ 언어는 사회적 약속이므로 개인이 함부로 바꿀 수 없다.
> ㉡ 언어는 모든 말을 다 배우지 않아도 새로운 단어와 문장을 끊임없이 만들어 사용할 수 있다.

	㉠	㉡
①	자의성	사회성
②	역사성	자의성
③	사회성	창조성
④	창조성	규칙성
⑤	규칙성	자의성

18 [보기]의 밑줄 친 단어에 대한 설명으로 적절한 것은?

> 보기
> 이 책은 <u>나</u>에게 벅찬 감동을 선사했다.

① 사물의 수량이나 순서를 나타내는 단어이다.

② 사람이나 사물의 움직임을 나타내는 단어이다.

③ 사람이나 사물의 이름을 대신 나타내는 단어이다.

④ 사람이나 사물의 상태나 성질을 나타내는 단어이다.

⑤ 체언 뒤에 붙어서 단어 사이의 문법적인 관계를 나타내는 단어이다.

19 밑줄 친 단어와 품사가 바르게 연결되지 <u>않은</u> 것은?

① <u>일찍</u> 자고, <u>일찍</u> 일어나도록 노력해야지.
→ 부사

② 긴 장마가 걷히자 <u>무더운</u> 여름이 시작되었다.
→ 형용사

③ 민영이 뒤에 있는 <u>저것</u>들은 전부 무엇이니?
→ 대명사

④ 여기 있는 <u>세</u> 사람은 아빠의 어릴 적 친구들이야.
→ 수사

⑤ 길을 가는데 어디선가 귀에 익은 목소리가 <u>들려왔다</u>.
→ 동사

20 [보기]의 단어를 어휘의 체계에 맞게 분류한 것으로 적절하지 <u>않은</u> 것은?

> 보기
> 언어 / 소쿠리 / 풀잎 / 사진 / 발레 / 빵 / 식구 / 요리
> 병아리 / 컴퓨터 / 고양이 / 휴가 / 로봇 / 텔레비전 / 필통

	고유어	한자어	외래어
①	병아리	사진	빵
②	소쿠리	식구	발레
③	언어	요리	컴퓨터
④	풀잎	휴가	로봇
⑤	고양이	필통	텔레비전

[01~04] 다음 글을 읽고 물음에 답하시오.

> **㉮** 내 **벗**이 몇인가 하니 수석과 송죽이라
>
> 동산에 달 오르니 그 더욱 반갑구나
>
> 두어라 이 다섯밖에 또 더하여 무엇하리
>
> — 1수
>
> ㉠**구름** 빛이 좋다 하나 검기를 자주 한다
>
> **바람** 소리 맑다 하나 그칠 적이 많구나
>
> 좋고도 그칠 때 없기는 ㉡물뿐인가 하노라
>
> — 2수
>
> ㉢**꽃**은 무슨 일로 피면서 쉬이 지고
>
> **풀**은 어이하여 푸르는 듯 누르나니
>
> 아마도 변치 않는 것 **바위**뿐인가 하노라
>
> — 3수
>
> — 윤선도, 「오우가」

> **㉯** 내를 건너서 숲으로 / 고개를 넘어서 마을로
>
> 어제도 가고 오늘도 갈 / 나의 ㉣길 새로운 길
>
> 민들레가 피고 까치가 날고
>
> ㉤아가씨가 지나고 바람이 일고
>
> 나의 길은 언제나 새로운 길
>
> 오늘도……내일도……
>
> 내를 건너서 숲으로 / 고개를 넘어서 마을로
>
> — 윤동주, 「새로운 길」

01 ㉮와 ㉯의 공통점으로 적절한 것은?

① 처음과 끝을 같게 하여 의미를 강조하고 있다.

② 3장 6구 45자 내외의 기본 형식을 가지고 있다.

③ 자연물에 인격을 부여하여 찬양하는 내용을 담고 있다.

④ 친구에게 말을 건네듯 다정다감한 어조를 사용하고 있다.

⑤ 표현하려는 대상을 드러내지 않고 구체적인 사물로 대신 나타내고 있다.

02 [보기]의 시에서 전하고자 하는 주제와 같은 의미를 담고 있는 시어를 ㉮에서 찾으면?

> 보기
>
> 이 몸이 죽고 죽어 일백 번 고쳐 죽어
>
> 백골이 진토되어 넋이라도 있고 없고
>
> 님 향한 일편단심이야 가실 줄이 있으랴
>
> — 정몽주, 「단심가」

① 벗　　② 구름　　③ 바람

④ 풀　　⑤ 바위

03 ㉯의 운율을 형성하는 요소에 대한 설명으로 적절한 것은?

① 한 행을 4음보로 끊어 읽을 수 있다.

② 의성어와 의태어를 사용해 운율감을 더해 준다.

③ 울림소리가 들어가는 시어를 다양하게 활용하고 있다.

④ '숲으로', '마을로'와 같이 동일한 문장 구조가 반복되고 있다.

⑤ 각 행마다 글자 수를 똑같이 맞추어서 운율감이 겉으로 드러나도록 하고 있다.

04 ㉠~㉤에 담긴 상징적 의미로 가장 적절한 것은?

① ㉠: 깨끗하면서도 영원한 속성을 지닌 존재

② ㉡: 주어진 상황에 굴하지 않고 도전하는 정신

③ ㉢: 사랑하는 이를 향한 변치 않는 마음의 맹세

④ ㉣: 과거에서 현재와 미래로 이어지는 인생의 길

⑤ ㉤: 인생을 살아갈 때 고난과 시련을 안겨 주는 사람

[05~08] 다음 글을 읽고 물음에 답하시오.

[지난 줄거리]

조선 인조 대왕 시절, 이 재상에게는 시백이라는 총명한 아들이 하나 있었다. 이 재상은 신비한 재주를 가진 박 처사를 만나 이야기를 나누다가 그의 딸과 자신의 아들 시백을 혼인시키기로 약속한다. 시백의 부인이 된 박씨는 어질고 총명했으나 외모가 흉측했다. 시백은 이런 아내를 한동안 무시하며 지냈다. 몇 년이 지난 후 박씨는 흉측한 허물을 벗고 절세가인으로 변한다.

⑦ 시백은 계화의 노랫소리에 힘을 얻어 피화당 문을 조심스레 열었다. 방 안에는 요조숙녀 같은 한 부인이 앉아 있는데, 그 태도는 달빛에 비친 매 [A] 화 같고 엄숙한 위엄은 절벽에서 호령하는 맹호와도 같았다. 고개를 숙이고 앉아 있는 부인을 한번 보니, 정신이 아찔해지며 흡사 무엇에 홀린 듯했 다. (중략)

시백은 지난날 박절하게 대한 것을 부끄러워하며 다시 바깥채로 나와 부친을 뵈었다.

"지금 들어가 보니 네 아내의 얼굴이 어떠하더냐?"

시백은 대답을 하지 못하고 그저 고개만 주억거릴 뿐이었다.

"사람의 길흉화복은 미리 헤아릴 수 없는 것인데, 너는 너에게 몸을 맡긴 사람을 오래도록 박대했다. 이제 무슨 면목으로 네 아내를 대하겠느냐? 앞으로는 매사를 이와 같이 하지 말아라."

⑭ 시백이 피화당에 들어가 가까스로 말문을 열었다.

"부인의 침소에 여러 날 들어왔지만, 늘 정색을 하고 마음을 풀지 아니하시니 몸 둘 바를 모르겠습니다. 물론 이는 다 내 탓입니다. 누구를 원망하고 누구를 탓하겠습니까? 부인으로 하여금 오랫동안 빈방에서 힘들게 지내시게 한 죄는 갚을 길이 없을 것입니다. 하지만 부인이 너그럽게 생각하여 사람 한번 구해 주십시오." (중략)

시백이 눈물을 흘리며 말하니 박씨도 불쌍한 마음이 들었다. 하지만 얼굴빛을 더욱 냉정히 하고는 시백을 꾸짖었다.

"㉠조선은 예의의 나라라 했는데 사람이 오륜을 모르면서 어찌 예의를 알겠습니까? 그대는 아내의 얼굴이 못났다 하여 삼사 년을 거들떠보지도 않았습니

다. (중략) 사람 보는 눈이 저러한데 어찌 효와 충을 알 것이며 백성 다스리는 도리를 알겠습니까?"

⑭ 박씨는 어느 날, 피화당에서 하늘의 기운을 살피다가 깜짝 놀라 시백을 불렀다.

"㉡북방 오랑캐가 조선 땅으로 침범해 들어오고 있습니다. 급히 의주 부윤 임경업을 불러 동으로 오는 오랑캐를 막게 하십시오."

부인의 갑작스러운 말에 시백 역시 크게 놀랐다. (중략) 시백이 크게 깨닫고 급히 ㉢임금께 나아가 부인이 한 말을 자세히 전했다. 임금이 깜짝 놀라 신하들을 불러 모았다. (중략)

"지금은 시절이 태평하고 ㉣풍년이 들어 백성들이 편안하게 살아가고 있으며 곳곳에 격양가 소리가 높습니다. 이러한 태평 시절에 요망한 계집의 말만 듣고 나라를 뒤흔드는 것은 백성의 마음만 요란케 할 뿐이옵니다. 원컨대 요망한 계집을 국법으로 엄하게 다스려 민심을 가라앉히소서."

이렇게 왕의 뜻을 가로막는 이는 다름 아닌 ㉤영의정 김자점이었다. 소인을 가까이하고 군자를 멀리하며 제 맘대로 국정을 처리했지만, 여러 신하는 그 권세를 두려워하여 감히 한마디도 하지 못했다.

임금은 결정을 내리지 못하고 조회를 파했다.

– 「박씨전」

05 이 글의 서술자에 대한 설명으로 적절한 것은?

① 소설의 주인공인 박씨가 자신의 이야기를 서술한다.

② 소설의 주인공인 시백이 자신의 이야기를 서술한다.

③ 소설의 주변 인물인 이 재상이 주인공인 시백의 이야기를 관찰하여 서술한다.

④ 소설 밖의 서술자가 겉으로 보이는 등장인물의 행동을 객관적으로 서술한다.

⑤ 소설 밖의 서술자가 등장인물의 행동은 물론 속마음까지 모두 다 꿰뚫어 보며 서술한다.

06 이 글에 등장하는 인물에 대한 설명으로 적절하지 <u>않은</u> 것은?

① 시백은 흉측한 외모를 가진 박씨를 무시하며 지냈다.

② 시백은 박씨의 외모가 아름답게 변하자 태도를 달리했다.

③ 김자점은 임금의 근심을 헤아려 전쟁을 치르기 위한 준비를 서둘렀다.

④ 박씨는 하늘의 기운으로 앞날을 내다보는 비범한 능력을 가지고 있다.

⑤ 박씨는 시백이 간절히 용서를 구하자 마음이 동요했으나 내색하지 않았다.

07 [A] 부분을 [보기]와 같이 바꾸었을 때, 내용을 바르게 이해한 것은?

┌─ 보기 ─────────────────────────────┐
나는 계화의 노랫소리에 힘을 얻어 피화당 문을 조심스레 열었다. 방 안에는 요조숙녀 같은 한 부인이 앉아 있는데, 그 태도는 달빛에 비친 매화 같고 엄숙한 위엄은 절벽에서 호령하는 맹호와도 같았다. 고개를 숙이고 앉아 있는 부인을 바라보자, 정신이 아찔해지고 흡사 무엇에 홀린 것 같았다.
└──────────────────────────────────┘

① [A]의 서술자는 계화이다.

② [보기]에서 '나'는 시백이다.

③ [A]에서는 박씨의 속마음만 알 수 있다.

④ [보기]의 서술자는 소설 밖에 존재한다.

⑤ [보기]에서는 시백의 속마음을 파악하기 힘들다.

08 ㉠~㉤ 중 이 글의 사회·문화적 배경을 알 수 있는 소재로 적절하지 <u>않은</u> 것은?

① ㉠ 조선

② ㉡ 북방 오랑캐

③ ㉢ 임금

④ ㉣ 풍년

⑤ ㉤ 영의정

[09~12] 다음 글을 읽고 물음에 답하시오.

㉮ 〈들판에서〉는 들판이라는 가상 공간에서 평화롭게 살아가던 형제가 갑자기 나타난 측량 기사의 꾐에 빠져 우애가 흔들리게 되지만, 우여곡절 끝에 다시 우애를 회복하고 벽을 허물게 된다는 줄거리의 희곡 작품이다.

이 작품에서 들판은 '우리 국토'를, 형제는 '남과 북'을, 측량 기사는 우리나라의 분단을 조장한 '소련과 미국' 등 외세를 그리고 벽은 '휴전선'을 상징한다.

표면적으로는 형제간의 우애 회복이 주제이지만 상징적으로는 남북 분단의 현실과 남북의 (㉠) 의지를 담고 있다.

㉯ 형 아우야! 아우야!

아우 (강렬한 불빛을 받고, 눈이 보이지 않아 당황한다.) 누구예요?

형 나다. 나!

아우 형님?

형 그래! 내가 안 보여?

아우 왜 그런 ㉡불빛으로 나를 비추죠?

형 네가 뭘 하는지 잘 보려고…….

아우 나는 그 불빛 때문에 형님이 안 보여요! (중략)

조수들, 가죽 가방을 열고 장총의 분해품을 꺼낸다. 그리고 재빠르게 조립해서 형의 손에 쥐어 준다.

조수1 손이 떨려서 ㉢총을 잡지 못하는데요?

측량 기사 꼭 쥐어 드려. 그리고 방아쇠 당기는 법을 가르쳐 드리라고.

조수2 (형에게) 잘 보세요. 총 쏘는 건 간단해요.

조수2, 형이 쥐고 있는 장총의 방아쇠를 당긴다. 요란한 총소리가 울려 퍼진다. 벽 너머의 아우, 그 소리에 놀라 몸을 움츠리더니 허공을 향해 위협사격을 한다. 놀란 형 역시 반사적으로 총을 쏘아 댄다. 하늘에서 번개가 치고 ㉣천둥소리가 울린다.

조수들 (박수를 치며) 아주 잘하는데요!

측량 기사 양쪽 다 정말 잘해!

조수1 (하늘을 바라본다.) 그런데 멀쩡하던 날씨가 왜 이 모양이지?

조수2 번개가 치고 천둥이 울리잖아?

측량 기사 (허공에 손을 내밀며) 이런, 빗방울이 떨어지는데!

조수들 (측량 기사에게) 비를 피했다가 다시 오면 어떨까요?

측량 기사 그래, 그게 좋겠어. (호주머니에서 수첩과 만년필을 꺼낸다.) 빨리 ㉤청구서를 써야겠군. 전망대는 워낙 가격이 비싸서 ……. 여기에 총값을 추가하고 ……. (중략)

　형과 아우, 그들 사이를 가로막은 벽을 안타까운 표정으로 바라본다. 비가 그치면서 구름 사이로 한 줄기 ㉥햇빛이 비친다.

- 이강백, 「들판에서」

09 ㉯의 특징으로 적절하지 않은 것은?

① 연극 무대의 상연을 목적으로 한다.

② 등장인물의 대사와 행동으로 보여 주는 문학 장르이다.

③ 발단 – 전개 – 절정 – 하강 – 대단원의 구성 단계를 갖는다.

④ 작가가 직접 체험한 일을 바탕으로 교훈을 전달하는 글이다.

⑤ 인물 간에 발생하는 갈등과 사건은 현재 진행형으로 묘사된다.

10 이 글을 시나리오로 각색할 때 고려할 사항이 아닌 것은?

① 장과 막 대신 장면(Scene)과 번호로 바꾸어 표시한다.

② 벽을 허물 때 관객에게 튀지 않도록 안전 장비를 준비한다.

③ 장면을 효과적으로 연출할 수 있는 시간과 공간을 자유롭게 선택한다.

④ 비가 그치면서 구름 사이로 한 줄기 햇빛이 비치는 장면은 F.I.(Fade In)으로 처리한다.

⑤ 인원수에 제한 없이 조수 역할을 할 수 있는 사람들을 더 많이 섭외해 장면을 역동적으로 연출한다.

11 ㉮의 ㉠에 들어갈 말로 적절한 것은?

① 전쟁　　　② 단절　　　③ 분단

④ 통일　　　⑤ 갈등

12 ㉡~㉥에 대한 설명으로 적절하지 않은 것은?

① ㉡: 형을 의심하는 아우의 공격적인 행동이다.

② ㉢: 형과 아우의 갈등을 촉발시키는 역할을 한다.

③ ㉣: 형과 아우의 갈등이 최고조에 달했음을 보여 준다.

④ ㉤: 형과 아우에게 접근한 측량 기사의 속셈을 드러낸다.

⑤ ㉥: 형과 아우 사이의 갈등이 해소될 것임을 암시하고 있다.

가 지난 50년 동안 세계 인구는 두 배, 관광 인구는 서른여섯 배나 늘었다. 세계 노동 인구의 8.7퍼센트가 관광 산업에 종사하고 있고, 아름다운 해안으로 유명한 몰디브에서는 무려 전체 인구의 83퍼센트가 관광 산업에 종사한다. 이제 관광 산업은 그야말로 거대한 산업으로 성장했다.

나 관광 산업은 공장을 짓지 않고도 외화를 벌어들일 수 있으므로 다른 산업보다 환경 오염의 피해가 적고, 자연 자원을 그대로 이용할 수 있으므로 경제력과 상관없이 어느 나라나 투자할 만한 산업이다. 오죽하면 ㉠관광 산업을 '굴뚝 없는 공장'이라고 부를까? 하지만 현실은 다르다.

다 여행자가 늘어나면 여행지는 무분별하게 개발된다. 경관이 아름다운 곳에는 어김없이 호텔, 상점가, 골프장 등이 빼곡 들어선다. 이 때문에 아름다운 자연이 파괴되고, 현지인들이 삶의 터전을 빼앗기고 밀려나기도 한다.

라 ⌐   ㉡   ¬ 그도 그럴 것이 승객 한 명이 움직일 때 1킬로미터당 배출하는 이산화 탄소량이 철도는 21.1그램, 지하철은 38.1그램인데, 도로는 130.8그램, 항공은 150그램으로 다른 교통수단보다 월등히 높다. 그러므로 우리가 장거리 여행을 떠나려고 비행기에 오르는 순간 환경에 심각한 영향을 미치게 되는 것이다.

마 그렇다면 우리 모두 여행을 포기해야 할까? 여행의 부정적인 면만 보자면 당연히 그래야겠지만, 여행의 긍정적인 면도 무시할 수는 없다. 그래서 환경을 지키면서 여행을 즐기고 싶은 사람들이 모여서 여행지를 터전으로 살아가는 사람들과 그곳의 환경을 생각하는 여행 방법을 찾기 시작했다. 그들은 여행자들이 일으킬 수 있는 환경 파괴를 최소한으로 줄이고, 여행지에서 쓴 돈이 현지인들에게 돌아가도록 하는 '공정 여행'을 제안했다.

- 장미정, 「모두가 즐거운 착한 여행」

13 ㉠의 근거로 가장 적절한 것은?

① 공장을 짓지 않고도 외화를 벌어들일 수 있다.

② 관광 산업으로 현지인들이 삶의 터전을 빼앗기고 있다.

③ 관광 산업에 뛰어든 노동자 수가 공장에서 일하는 사람 수보다 많다.

④ 경관이 아름다운 곳을 중심으로 관광 편의 시설이 빼곡히 들어서고 있다.

⑤ 여행자 수가 급격히 늘어나면서 비행기와 자동차를 운행하는 시간이 많이 늘어났다.

14 다음 중 ㉡에 들어갈 내용으로 적절한 것은?

① 여행자를 태우는 비행기가 문제가 되고 있다.

② 장거리 운송 수단으로서 비행기의 역할이 커지고 있다.

③ 지구 온난화가 심해지면서 각종 교통 운임이 큰 폭으로 오르고 있다.

④ 여행자들 사이에서 다양한 교통수단을 경험하려는 움직임이 늘고 있다.

⑤ '이산화 탄소를 생산하는 공룡'으로 지목되어 자동차 산업이 크게 타격을 받고 있다.

15 다음은 이 글을 문제 상황과 해결 방안으로 정리한 것이다. 바르게 짝지어진 것은?

	문제 상황	해결 방안
①	가, 나	다
②	나, 다	라
③	나, 라	라
④	다, 라	마
⑤	라, 마	가

16 '공정 여행'의 구체적인 실천 방법으로 적절하지 <u>않은</u> 것은?

① 민진: 아프리카 탄자니아로 가서 봉사 활동을 하고 그 외 시간을 활용해 주변을 여행할 거야.

② 연우: 일본에서 아르바이트를 해서 돈을 벌고 그 돈으로 우리나라 전국 일주를 계획하고 있어.

③ 선규: 미국 가정에서 홈스테이를 하면서 영어도 배우고 주변 관광지를 틈틈이 견학해 보려고 해.

④ 서진: 베트남에 가서 현지인에게 한글을 가르쳐 주고 그 친구들이 소개하는 근처 관광지를 가 보려 해.

⑤ 유정: 자전거를 타고 지방 곳곳을 돌아다니며 그 지역을 대표하는 유적지를 속속들이 탐방할 예정이야.

17 다음 중 언어의 본질과 그 예가 바르게 연결된 것을 고르면?

> [보기]
> ㉠ 한국에서는 개가 짖는 소리를 '멍멍'이라고 하는데, 미국에서는 'bowwow[바우와우]'라고 한다.
> ㉡ 1445년에 편찬된 〈용비어천가〉에는 '꽃'을 '곳'이라 표기하고 있다.

	㉠	㉡
①	언어의 사회성	언어의 규칙성
②	언어의 자의성	언어의 창조성
③	언어의 자의성	언어의 역사성
④	언어의 창조성	언어의 역사성
⑤	언어의 역사성	언어의 자의성

18 다음 중 밑줄 친 단어가 [보기]에서 설명하는 품사에 해당하는 것은?

> [보기]
> • 문장에서 다른 말을 꾸며 주는 단어이다.
> • 주로 체언 앞에서 그 말을 꾸며 준다.

① 규현이는 발을 <u>헛디뎌</u> 넘어졌다.

② 해 질 무렵 하늘이 <u>붉게</u> 물들었다.

③ 친구는 <u>그곳</u>에서 기다리고 있었다.

④ <u>급히</u> 서두르는 바람에 가방을 두고 왔다.

⑤ 이 문제는 <u>어느</u> 누구라도 쉽게 풀 수 있다.

19 다음 [보기]의 문장에서 사용된 단어와 품사가 <u>잘못</u> 연결된 것은?

> [보기]
> 나는 예주에게 양말 하나를 선물했다.

	단어	품사
①	나	대명사
②	예주, 양말	명사
③	하나	수사
④	는, 에게, 를	조사
⑤	선물했다	형용사

20 다음 중 우리말의 어휘 양상에 대해 바르게 설명한 것을 <u>모두</u> 고르면?

> [보기]
> ㉠ 은어는 다른 사람들이 알아듣지 못하게 특정 집단 안에서만 쓰이는 말이다.
> ㉡ 표준어는 지역마다 사용하는 특색 있는 말로 비공식적인 상황에서 쓰는 말이다.
> ㉢ 의사, 변호사, 회계사와 같은 전문인들이 쓰는 말은 사회 방언이다.
> ㉣ '옥수수'를 지역에 따라 '강냉이, 옥씨기, 옥수깽이' 등으로 달리 말하는 것은 지역 방언의 예이다.
> ㉤ 같은 지역이나 집단 사람끼리 방언을 사용하면 의사소통 중 갈등이나 소외감이 생긴다.

① ㉠, ㉢, ㉤ ② ㉠, ㉢, ㉣ ③ ㉡, ㉢, ㉣

④ ㉡, ㉢, ㉤ ⑤ ㉢, ㉣, ㉤

Ⅰ. 문학

1　시

문제 유형 ❶ 시의 특징으로 적절한 것은?　14쪽

> 1 (1)○　(2)○　(3)✕　　2 ⑤

1　(3) 시조는 3장 6구 4음보 45자 내외의 기본 형식을 가지고 있다.

2　이 글은 김소월의 〈엄마야 누나야〉로 시이다. 시는 마음에 떠오르는 여러 가지 생각이나 느낌을 운율이 있는 말로 압축하여 표현하는 글이다. 정서라는 말은 사람의 마음에 일어나는 여러 가지 감정을 뜻하는 말이다.

오답 풀이
① 새로운 정보를 알기 쉽게 설명하는 글은 설명문이다.
② 3장 6구 4음보의 기본 형식을 갖는 것은 시 중에서 시조 만이 가지는 특징이다.
③ 인물 사이의 갈등이 드러나는 글은 소설이다.
④ 일상의 경험에서 얻은 교훈을 전달하는 글은 수필이다.

문제 유형 ❷ 이 시의 화자에 대한 설명으로 적절한 것은?　15쪽

> 1 (1) 시적 화자　(2) 어조　(3) 주제　　2 ④

2　이 시의 화자는 1행과 2행에서 '죽는 날까지 하늘을 우러러 한 점 부끄럼이 없기를'이라고 고백한다. 이를 통해 화자는 스스로에게 부끄럽지 않은 삶을 살아가고 싶어 한다는 것을 알 수 있다.

문제 유형 ❸ 시어에 담긴 의미로 적절한 것은?　16쪽

> 1 (1) 시어　(2) 함축적　(3) 밀접한　　2 ⑤

2　이 시의 2연에 '보고픈 마음 호수만 하니'라는 구절로 보아 '호수'는 실제 자연물 호수가 아니라 시적 화자가 누군가를 간절히 보고 싶어 하는 그리움의 크기를 드러내는 시어라고 볼 수 있다.

문제 유형 ❹ 운율을 형성하는 요소로 적절한 것은?　17쪽

> 1 (1)○　(2)○　(3)✕　　2 ③

1　(3) 내재율의 시는 운율이 겉으로 뚜렷하게 드러나지 않는다.

2　이 시에서 밑줄 친 '보슬보슬 햇비'의 '보슬보슬'은 비가

내리는 모양을 흉내 낸 의태어이다. 시에서는 소리나 모양을 흉내 낸 말로 운율을 형성하기도 한다.

문제 유형 ❺ 밑줄 친 부분과 같은 심상이 느껴지는 것은?　18쪽

> 1 (1) 심상　(2) 미각　(3) 피부　　2 ③

2　밑줄 친 구절에서는 날카롭게 뻗은 수염의 모양이 눈에 그려지는 시각적 심상이 쓰였다.
③번의 '뜰에는 반짝이는 금모래 빛'도 반짝거리는 금빛을 떠올릴 수 있으므로 시각적 심상이다.

오답 풀이
① 미각적 심상('쓰디쓰다'는 맛으로 느끼는 미각)
② 청각적 심상('노래'는 귀로 듣는 청각)
④ 후각적 심상('향기'는 코로 맡는 후각)
⑤ 촉각적 심상('부드러운' 촉감은 피부로 느끼는 촉각)

문제 유형 ❻ 이 시에 쓰인 표현 방법의 특징으로 적절한 것은?　20쪽

> 1 (1) 상징법　(2) 반복법　(3) 역설법　(4) 반어법　(5) 비유법
> 2 (1)✕　(2)○　(3)✕　　3 (1) 의미　(2) 추상　(3) 개인적
> 4 ③, ⑤　　5 ①　　6 ④　　7 ③

2　(1) 사람이 아닌 것에 인격을 부여하여 표현하는 것은 의인법이다.
(3) '~같이, 듯이, 처럼'과 같은 연결어로 직접 대상을 빗대어 표현하는 것은 직유법이다.

4　③번은 의인법으로 햇님이 사람처럼 웃는다고 표현하고 있다.
⑤번은 역설법으로 이미 떠나가 버린 님을 보내지 않았다는 이치에 어긋난 말로 진심을 담아 표현하고 있다.

오답 풀이　① 상징법　② 반복법　④ 직유법

5　이 시는 '가자'라는 구절을 반복해서 의미를 강조하는 반복법이 쓰였다.

오답 풀이　② 의인법　③ 반어법　④ 역설법　⑤ 직유법

6　이 시의 밑줄 친 구절에서는 직유법이 쓰였다. ④번도 직유법으로 '~같이'라는 연결어를 사용하여 호동그란 고양이 눈을 금방울에 직접 빗대어 표현하고 있다.

오답 풀이　② 반복법　⑤ 역설법

7　이 시에서 묏버들은 사랑하는 이에게 보내는 시적 화자의 분신으로 자신을 잊지 말고 기억해 달라는 여인의 섬세한 마음을 상징적으로 드러내고 있다.

문제 유형으로 분석하기

자유시 / 하늘 / 음보 / 청각적 / 비유법 / 의인법

1 ③　　2 ①　　3 ③　　4 ⑤　　5 ⑤　　6 ⑤

1　시의 특징을 묻는 문제이다. 시는 개인이 느끼는 감상을 운율감 있는 말로 풀어낸 글이다.

2　이 시의 시적 화자는 봄날처럼 밝고 평화로운 세상을 소망하는 마음을 담아 시로 노래하고 있다.

3　이 시의 운율을 형성하는 요소 중 소리와 모양을 흉내 내는 표현은 등장하지 않는다.

　오답 풀이
　① '돌담에 / 속삭이는 / 햇발같이' 처럼 모든 행을 3음보로 끊어 읽을 수 있다.
　② 보드레한, 에메랄드, 얇게 흐르는 등 울림소리(ㄴ, ㄹ, ㅁ, ㅇ)가 들어간 시어를 활용하여 운율감을 느끼게 한다.
　④ 1연 끝에 '~우러르고 싶다', 2연 끝에 '~바라보고 싶다'와 같이 비슷한 문장 구조가 반복된다.
　⑤ 1연의 1행, 2행에 '햇발같이', '샘물같이'와 2연의 1행, 2행에 '부끄럼같이', '물결같이' 모두 일정한 위치에서 '~같이'라는 말을 반복하고 있다.

4　㉠은 의인법으로 샘물이 마치 사람처럼 웃음 짓는다고 표현하고 있다. ⑤번에서도 의인법을 써서 햇님이 사람처럼 웃는다고 표현하고 있다.

　오답 풀이
　① 반복법 ('꽃 피네, 꽃이 피네'의 반복)
　② 모양을 흉내 내는 말 ('뚝뚝'의 활용)
　③ 반복법 ('가자'의 반복)
　④ 반어법 (슬퍼서 울고 싶지만 죽어도 눈물을 흘리지 않겠다고 반대로 표현)

5　㉡에서 '살포시 젖는' 것은 피부로 느껴지는 촉각적 심상이다. ⑤번의 '부드러운 고양이의 털'에서 부드러운 감촉도 피부에 닿아 느껴지는 촉각적 심상이다.

　오답 풀이
　① 미각적 심상 ('쓰디쓰다'는 혀로 느끼는 미각)
　② 후각적 심상 ('매화 향기'는 코로 맡는 후각)
　③ 시각적 심상 ('푸른' 색은 눈으로 구별하는 시각)
　④ 공감각적 심상 ('종소리'가 분수처럼 흩어지는 푸른색으로 보이는 공감각)

6　이 시에서는 직유법, 의인법과 같은 비유법이 주로 쓰였다. 비유법은 표현하려는 대상과 비슷한 특징을 가진 다른 대상에 빗대어 표현한다.

문제 유형으로 분석하기

길 / 인생 / 구조 / 시각적 / 상징법 / 고개

1 ④　　2 ⑤　　3 ⑤　　4 ①　　5 ①　　6 ①

1　이 시에서는 계절의 변화가 두드러지는 시어를 찾아보기 어렵다.

　오답 풀이
　① '내를 건너서 숲으로 / 고개를 넘어서 마을로'의 구절에서 '~를', '~서', '~로'의 문장 구조가 반복되어 운율을 형성한다.
　② 시의 1연과 5연은 같은 내용이 반복되고 있다. 이를 수미상관이라고 하는데 처음과 끝을 같게 하여 시의 형태에 안정감을 더해주고 의미를 강조한다.
　③ 이 시에서 '길'은 사람이 오고 가는 곳이라는 사전적 의미를 넘어서 화자의 인생을 함축적으로 담아내고 있다.
　⑤ '어제', '오늘', '내일'과 같은 시어를 써서 과거에서 현재, 미래로 이어지는 인생을 표현하고 있다.

2　이 시의 화자는 과거에서 현재 그리고 미래로 이어지는 자기 삶의 길을 멈추지 않고 나아가려는 의지를 보이고 있다.

3　㉠은 '~를', '~서', '~로'의 문장 구조를 반복하며 운율을 형성하는 구절이다.
　⑤번도 '크게', '자라게'에서 '~게'의 문장 구조가 반복되고 있다.

4　㉡은 민들레가 피고, 까치가 날고, 아가씨가 지나가고 바람이 이는 모습이 눈에 그려지는 시각적 심상이다.
　①번은 갈잎이 노래하는 소리가 들리는 청각적 심상이다.

　오답 풀이　②번의 굽이진(구부러진) 돌담, ③번의 날카롭게 쭉 뻗은 고양이의 수염, ④번의 부끄러움으로 달아오른 새색시의 볼, ⑤번의 푸른색 바다 모두 눈에 그려지는 시각적 심상이다.

5　'민들레, 까치, 바람, 아가씨'는 인생에서 만나는 희망적인 존재를 상징하는 시어이다. '고개'는 화자가 길을 갈 때 겪게 되는 시련을 상징한다.

6　이 시에서 주로 쓰인 표현 방법은 상징법이다. 상징법은 표현하려는 대상을 감추고 구체적인 사물로 대신하기 때문에 작품을 깊고 풍부하게 해석할 수 있다는 특징을 갖는다.

　오답 풀이
　② 비유법
　③ 반어법
　④ 역설법
　⑤ 의인법

문제 유형 ❼ 소설의 특징으로 적절한 것은?   28쪽

1 (1) **상상력** (2) **권선징악** (3) **비현실적**   **2** ④

2 〈홍길동전〉은 조선 시대 허균이 지은 고전 소설이다. 소설은 작가가 상상력을 발휘하여 줄글로 꾸며 쓴 글이다.

오답 풀이

① 연극의 무대 상연을 목적으로 한 글은 희곡이다.

② 사실적인 정보를 객관적으로 전달하는 글은 설명문이다.

③ 글쓴이의 경험을 통해 교훈을 전달하는 글은 수필이다.

⑤ 글쓴이의 생각을 운율이 있는 말로 압축하여 표현한 글은 시이다.

문제 유형 ❽ 이 글의 시점에 대한 설명으로 적절한 것은?   29쪽

1 (1) **서술자** (2) **시점** (3) **관찰자** (4) **전지적**

2 ①, ②   **3** ⑤

2 글의 첫 문장에 '여섯 살 난 처녀애, 이름은 박옥희'라고 자신을 소개하며 이야기를 시작하는 것으로 보아 이야기를 전달하는 서술자가 여섯 살 옥희이며, '요새 와서 어머니의 하는 일이란~' 이후의 내용으로 옥희가 어머니를 관찰하면서 어떤 일이 있었는지 이야기를 들려주고 있다는 것을 알 수 있다.

오답 풀이 ③번은 옥희의 어머니가 아니라 옥희가 이야기를 전하고 있기 때문에 적절하지 않다. 옥희는 소설 속에 등장하는 인물 중 하나이므로 소설 밖의 서술자에 대해서 말하는 ④, ⑤번은 적절하지 않은 설명이다.

3 [보기]의 서술자는 소설 속에 등장하는 옥희의 어머니이다. 본문 [A]에서는 서술자인 옥희가 어머니를 관찰하고 있기에 어머니의 행동만 알 수 있지만, 시점을 [보기]와 같이 바꾸면 서술자인 어머니가 직접 자신의 속마음까지 서술하기에 [A]에서 알 수 없었던 어머니의 속마음을 이해할 수 있다.

오답 풀이

① 서술자가 어머니이므로 어머니의 속마음을 알 수 있지만 옥희의 속마음은 알 수 없다.

② 옥희에게 더 깊은 친근감을 느낄 수 있는 것은 [보기]가 아니라 [A]이다. [A]에서는 옥희의 목소리로 이야기를 들을 수 있기에 옥희에게 친근감을 느낄 수 있다. [보기]에서는 어머니가 이야기를 하고 있어 옥희보다 어머니에게 더 친근감을 느끼게 된다.

③ 서술자인 어머니는 자기가 하는 행동의 의미를 객관적으로 바라보기 어렵다.

④ 어머니와 옥희 둘다 보지 못한 일까지는 알 수 없다.

문제 유형 ❾ 이 글의 등장인물에 대한 설명으로 적절한 것은?   31쪽

1 (1) ○ (2) ✕ (3) ✕   **2** ②

1 (2) 서술자가 인물을 판단하는 관점이 아니라 인물을 제시하는 방법에 따라 직접 제시와 간접 제시로 나눌 수 있다.

(3) 인물의 대화나 행동을 묘사해서 보여 주는 방식은 간접 제시이다.

2 '그 아저씨는 돌아가신 우리 아버지와 어렸을 적 친구라고요.'라는 구절에서 알 수 있다.

오답 풀이

① '첫날부터 내게는 퍽 고맙게 굴고'라는 구절에서 '아저씨'가 '나'에게 친절하다는 것을 알 수 있다.

③ '아저씨'가 '나'의 어머니와 같은 학교에 다녔다는 내용은 나타나 있지 않다.

④ '돌아가신 우리 아버지와'라는 구절에서 '나'의 아버지가 돌아가셨다는 것을 알 수 있다.

⑤ '나는 그 아저씨가 어떤 사람인지는 몰랐으나'라는 구절을 통해 옥희는 아저씨와 잘 모르는 사이라는 것을 알 수 있다.

문제 유형 ❿ 이 글에 나타난 갈등으로 적절한 것은?   32쪽

1 (1) **갈등** (2) **절정** (3) **내적 갈등**   **2** ③   **3** ⑤

2 ㉰를 보면 홍 대감은 밤늦게 길동을 찾아간 것이 아니라 창문을 열다가 우연히 길동과 마주친 것임을 알 수 있다.

3 홍길동은 어머니가 천비 신분이라 아버지를 아버지라 부르지 못하고 형을 형이라 부르지 못하는 것을 원통하게 생각하고 있다. 이는 신분제 사회이기에 발생한 일이므로 길동은 신분으로 차별하는 사회와 외적 갈등을 겪고 있다고 할 수 있다.

문제 유형 ⓫ 이 글에서 알 수 있는 배경에 대한 설명으로 적절한 것은?   34쪽

1 (1) ✕ (2) ○ (3) ○   **2** ⑤   **3** ⑤   **4** ②

1 (1) 소설의 배경은 작가가 작품을 쓴 시대가 아니라 소설 속에서 사건이 벌어지는 시간, 장소, 시대 상황을 말한다.

2 홍길동이 임금에게 무기를 탈취한 이유로 나라가 환난에 처할 때 돕기 위함이라고 말은 했지만 이 사실만으로 당시의 도적 떼가 나라의 위기에 앞장서서 싸웠다고 볼 수는 없다.

오답 풀이

① 홍길동은 어머니가 천한 노비 출신이라 아버지가 재상이라 해도 천생 취급을 받았다.

② '합천 해인사'는 홍길동이 의적으로서 활약한 곳으로 소설의 공간적 배경이다.

③ '조선조 세종 대왕이 왕위에 오른 지 십오 년'이라는 구절을 통해 알 수 있다.

④ 홍길동이 해인사를 도적질한 이유를 말하면서 곡식을 빼앗겨 굶주리는 백성들이 있다는 사실을 임금께 고하는데 이 부분을 통해 알 수 있다.

3 사회·문화적 배경은 작품의 배경이 되는 시대적, 문화적, 정치적인 상황 등을 말하는 것이다. '재물'은 특정 시대에만 등장하는 것이 아니므로 소설의 사회·문화적 배경을 드러내는 소재로 적절하지 않다.

4 [보기]는 조선 시대 출생 신분에 따른 차별에 대한 설명이다. 이 내용에 따르면 아버지는 양반이지만 어머니는 노비이므로 홍길동은 서얼이다. 이와 같은 시대적 배경이 반영된 부분은 **나**이다.

유형 정복 **1단계** 동백꽃 36쪽

문제 유형으로 분석하기
주인공 / 감자 / 외적

1 ⑤	2 ③	3 ⑤	4 ①	5 ③	6 ②

1 소설 〈동백꽃〉은 소설 속에 등장하는 '나'가 직접 자신의 이야기를 서술하는 1인칭 주인공 시점이다.

오답 풀이
① 전지적 작가 시점은 소설 밖의 서술자가 신과 같은 위치에서 인물의 속마음까지 들여다보며 서술하는 것이다. 이 소설은 1인칭 주인공 시점이다.
② 소설 속 서술자가 '나'의 말과 행동을 관찰하는 것은 1인칭 관찰자 시점이다.
③ 서술자가 소설 밖에서 인물을 관찰하는 것은 3인칭 관찰자 시점이다.
④ 여러 인물의 속마음을 꿰뚫어 보고 직접 제시하는 것은 전지적 작가 시점이다.

2 점순이가 '나'에게 자꾸 말을 걸거나 감자를 챙겨 주는 것을 보면 점순이는 '나'에게 호감을 느끼고 있다는 것을 알 수 있다.

오답 풀이
① 주인공 '나'에게 적극적으로 말을 거는 걸로 보아 점순이의 성격은 소심하지 않다.
② 점순이가 닭싸움을 붙여 놓은 것은 닭싸움을 좋아해서가 아니라 자신의 호의를 거절한 '나'에게 분풀이를 하기 위해서였다.
④ 주인공 '나'가 점순이를 좋아하고 있다고 볼 만한 행동은 찾아볼 수 없다.
⑤ 주인공 '나'는 둔하고 눈치가 없어 점순이의 마음을 전혀 알아채지 못하고 있다.

3 **다**에서 '나는 눈물을 우선 씻고 뭘 안 그러는지 명색도 모른건만 "그래"하고 무턱대고 대답하였다'라는 구절로 보아 점순이가 자신을 좋아한다는 사실을 아직도 눈치채지 못했다는 것을 알 수 있다.

오답 풀이
①, ② **가**의 '고놈의 계집애가 요새로 들어서서 왜 나를 못 먹겠다고 그렇게 아르렁거리는지 모른다'라는 구절에서 이유 없이 자신을 괴롭히는 점순이 때문에 약이 올라 화가 난 '나'의 마음을 읽을 수 있다.
③, ④ **나**의 '잔소리를 두루 늘어놓다가 남이 들을까 봐 손으로 입을 틀어막고는 그 속에서 깔깔댄다. 별로 우스울 것도 없는데 날씨가 풀리더니 이놈의 계집애가 미쳤나 하고 의심하였다'라는 구절에서 '나'는 혼자서 깔깔 웃는 점순이를 무척 이상하게 생각하고 있으며, '여태껏 가무잡잡한 점순이의 얼굴이 이렇게까지 홍당무처럼 새빨개진 법이 없었다'라는 구절에서는 '나'가 전에 없던 점순이의 모습을 보고 적잖이 당황했다는 것을 알 수 있다.

4 **가**의 '이번에도 점순이가 쌈을 붙여 났을 것이다'라는 구절로 보아 '나'는 닭싸움을 붙여 놓은 것이 점순이라는 사실을 알고 있었다.

5 **다**에서 '나는 대뜸 달려들어서 나도 모르는 사이에 큰 수탉을 단매로 때려 엎었다'는 구절로 보아 점순이네 닭을 때린 것은 홧김에 한 행동이라는 것을 알 수 있다. 따라서 갈등을 해소하기 위한 의도로 점순이네 닭을 때린 것이 아니다.

6 [A] 부분은 소설 속 등장인물인 '나'가 자신의 이야기를 서술하는 1인칭 주인공 시점이다. 한편, [보기]는 소설 밖 서술자가 등장인물의 행동만을 관찰하여 서술하는 3인칭 관찰자 시점이다. 서술자가 등장인물의 속마음을 알려 주지 않기 때문에 독자는 서술자가 전하는 등장인물의 행동을 보고 속마음을 짐작할 수 있다.

오답 풀이
① 주인공의 속마음을 깊이 이해할 수 있는 것은 1인칭 주인공 시점인 [A]이다.
③ [보기]는 3인칭 관찰자 시점이기에 소설 속 인물이 하는 행동을 통해 의미를 짐작할 뿐이지 꿰뚫어 볼 수는 없다.
④ 소설 속 서술자에게 더욱 친근함을 느낄 수 있는 것은 1인칭 주인공 시점인 [A]이다.
⑤ 주인공 외에 다른 인물의 속마음까지 파악할 수 있는 것은 전지적 작가 시점이다.

문제 유형으로 분석하기

전지적 / 만냥 / 장사 / 조선 / 교통

1 ④　　2 ②　　3 ⑤　　4 ④　　5 ⑤　　6 ③

1 〈허생전〉은 전지적 작가 시점에 해당하므로 소설 밖 서술자가 인물의 행동과 속마음을 다 알고 서술한다. 소설 초반에 등장인물과 배경을 설명할 때 '가난한 허생이 사는 집은 삼간초가로 비바람도 가리지 못할 만큼 낡고 허름했다. 그는 글 읽기를 워낙 좋아해서 늘 책만 보았고, 아내는 남의 집 일을 돕거나 삯바느질을 해서 겨우 입에 풀칠을 하며 살았다'의 구절을 보면 서술자는 허생이 글 읽기를 워낙 좋아한다는 것, 그래서 아내가 삯바느질을 해서 겨우 입에 풀칠한다는 것을 이야기하는데, 이는 단순히 인물을 관찰만 해서는 알 수 없는 사실이다. 서술자는 이미 허생과 아내의 모든 것을 다 알고 있는 상태에서 독자에게 이야기를 들려주고 있는 것이다.

오답 풀이

② 1인칭 주인공 시점의 설명이다.

③ 1인칭 관찰자 시점의 설명이다.

⑤ 3인칭 관찰자 시점의 설명이다.

2 **가**에서 글만 읽으려는 허생에게 화를 내며 다른 일도 해 보라는 아내의 모습을 볼 때 학문에 열정이 있는 남편을 존경했다고 보기 어렵다.

3 **가**에서는 등장인물인 '허생'이 소개되고, 허생과 아내 사이에 갈등의 실마리가 드러나고 있다. 이는 소설의 구성 단계 중 '발단'에 해당한다.

오답 풀이

① 갈등이 심화되면서 긴장감이 점차 높아지는 것은 '위기'이다.

② 갈등이 해소되고 모든 사건이 마무리되는 것은 '결말'이다.

③ 본격적인 사건이 발생하면서 갈등이 시작되는 것은 '전개'이다.

④ 갈등이 최고조에 달하고 해결의 실마리가 보이는 것은 '절정'이다.

4 이 글에는 가난한 살림에도 책만 읽는 허생과 허생이 글을 그만 읽고 집안 살림에 도움이 되는 일을 하길 바라는 아내의 외적 갈등이 드러나 있다.

5 [보기]는 〈허생전〉의 저자 박지원이 수레에 대해 어떤 생각을 가지고 있었는지를 설명하는 글이다. 박지원은 상업을 발달시켜 백성들의 삶을 풍요롭게 만들기 위해서는 수레를 적극 활용해야 한다고 생각했다. 당시 조선에는 수레가 돌아다니지 못해 물자의 유통이 어렵다 보니 독점에도 취약한 경제 구조를 가지고 있었다. 이러한 문제의식은 〈허생전〉에 반영되어 허생이 만 냥으로 한

두 가지의 물건을 독점하여 큰돈을 번 이야기로 그려진다. [보기]를 바탕으로 **다**의 내용을 가장 적절하게 이해한 것은 ⑤번이다.

6 '과거'는 소설 〈허생전〉의 사회·문화적 배경을 반영하는 소재이다. 그러나 '삯바느질', '학문', '기술', '약재'는 특정 시대에만 등장하는 소재로 보기 어렵다.

3　극·수필　◎ ◎ ⊗

문제 유형 ⑫ 극의 특징으로 적절한 것은?　42쪽

1 (1) 대사, 행동　(2) 희곡, 시나리오　(3) 대단원　　2 ④

2 이 글은 두 명의 등장인물의 대사로 이야기가 전개되고 있다. 이와 같은 글의 장르는 극이다. 운율감이 느껴지는 말로 압축해서 표현하는 글은 시이다.

문제 유형 ⑬ 희곡과 시나리오의 공통점과 차이점은?　44쪽

1 (1) ○　(2) ×　(3) ×　(4) ○　　2 ⑤

1 (2) 독백은 한 명의 등장인물이 상대 배우 없이 혼자 하는 말이다. 관객에게만 들리고 다른 배우들은 못 듣는 것으로 약속하고 하는 말은 방백이다.

(3) NAR.은 내레이션으로 장면에 대한 해설을 나타내는 시나리오 용어이다. 시나리오의 장면을 표시하기 위한 용어는 S#이다.

2 'S#11'의 장면 표시를 통해 이 글은 시나리오라는 것을 알 수 있다. 시나리오와 희곡의 공통점은 등장인물의 대사와 행동으로 사건이 전개된다는 것이다.

오답 풀이

① 장과 막으로 구성되는 것은 희곡의 특징이다.

② 영화나 드라마 상영을 위한 대본은 시나리오의 특징이다.

③ 시간과 공간, 등장인물 수의 제약이 적은 것은 시나리오의 특징이다.

④ 희곡과 시나리오 모두 작가가 경험한 일이 아니라 상상력을 덧붙여 꾸며 낸 글이다.

문제 유형 ⑭ 수필의 특징으로 적절한 것은?　45쪽

1 (1) 형식　(2) 개성　(3) 중수필　　2 ⑤

2 이 글은 글쓴이가 마라톤 경기에서 꼴찌로 달리는 주자

를 보며 느낀 것을 글로 담아낸 수필이다. 수필은 일상 생활에서 쉽게 접할 수 있는 다양한 경험을 바탕으로 글쓴이의 생각을 자유롭고 솔직하게 쓰는 것이 특징이다.

오답 풀이
① 수필은 전문적인 지식이 없어도 일상의 경험을 바탕으로 누구나 쓸 수 있는 글이다.
② 문제 상황을 언급하고 해결 방안을 제시하는 글은 논설문이다.
③ 상상력을 바탕으로 꾸며 낸 글은 소설이나 극이다.
④ 발단-전개-절정-하강-대단원의 구성 단계를 갖는 것은 극이다.

문제 유형 ⑯ 이 글의 독자가 자신의 삶을 성찰한 내용으로 적절한 것은?
46쪽

1 (1)✕ (2)○ (3)✕ 2 ⑤ 3 ⑤

1 (1) 문학에는 시, 소설, 수필, 희곡 등이 있으며 설명문은 문학이 아니다.
(3) 문학 작품을 읽을 때는 작품 속 인물의 삶과 경험에 공감하며 개인의 독특한 경험뿐만 아니라 인간의 보편적인 삶과 관련지어 성찰하는 자세가 필요하다.

2 이 글의 글쓴이는 걸어 다니기 힘든 거리에 위치한 중학교에 배정받게 되었다. 자가용도 없고, 버스도 다니지 않는 곳이라 학교에 다니려면 자전거를 배워서 타고 다닐 수밖에 없는 상황에 처했다.

3 이 글에서 '안장 위에 올라선 이상 계속 가지 않으면 쓰러진다. 노력하고 경험을 쌓고도 잘 모르겠으면 자연의 판단 본능에 맡겨라'의 구절을 통해 가장 적절한 성찰은 ⑤번이라고 볼 수 있다.

유형 정복 1단계 말아톤
48쪽

문제 유형으로 분석하기
시나리오 / 대사 / 행동 / 자폐증

1 ③ 2 ④ 3 ⑤ 4 ⑤ 5 ⑤ 6 ①

1 이 글은 장면 표시(S#)가 있는 것으로 보아 시나리오에 해당한다. 시나리오는 촬영을 위한 여러 가지 특수 용어가 사용되는 특징을 가진다.

오답 풀이 ①, ②, ④, ⑤번은 희곡의 특징이다.
시나리오는 장면 표시로 내용을 구분하며, 드라마와 영화를 목적으로 쓴 글이고, 시간과 공간의 활용 및 참여하는 등장인물 수에도 제한이 적다.

2 지시문은 인물의 말과 행동에 구체적인 지시를 내리는

글이다. ㉣은 이야기의 흐름상 초원이를 칭찬하며 흐뭇해 하는 모습이 연출되어야 하기에 '크게 실망한 표정으로'의 지시문은 적절하지 않다. 실제 시나리오에는 '눈을 뜨고 초원의 머리를 쓰다듬으며'라고 쓰여 있다.

3 ㉠는 경숙이 초원이와 함께 숲을 거닐면서 손을 내밀어 나뭇잎 사이로 쏟아지는 햇빛을 받아 내는 장면이다. 이 장면을 연출하기 위해서는 경숙의 두 손에 햇빛이 닿는 순간의 장면을 확대해서 촬영해야 한다. 이 때 필요한 시나리오 용어는 C.U.(클로즈업)이다.

4 S#9에는 초원이가 숲에서 지저귀는 참새의 소리를 듣는 장면이 있다. 만약에 이 장면을 연극으로 상연하는 것이라면 실물과 흡사한 새 모형을 무대 위에 설치해 두는 것이 필요하겠지만 이 글은 시나리오라서 마치 진짜 숲속에 있는 듯한 장면 연출이 필수적이다. 그래서 새 모형보다는 실제 들려 오는 새소리를 녹음하고 나뭇가지에 앉아 있는 새의 모습을 직접 촬영하는 것이 더 효과적이다.

5 ㉡는 눈물을 흘리는 경숙의 모습이다. 경숙이 눈물을 흘리는 이유는 자폐증을 앓고 있던 아들이 숲속에서 하나씩 자연을 느끼기 시작하고 자신을 '엄마'라고 불러 주자 감격이 밀려왔기 때문이다.

6 이 시나리오의 장면만으로는 초원이가 장애를 안고 태어난 사연을 알 수 없다.

유형 정복 2단계 촌스러운 아나운서 / 누에와 천재
50쪽

문제 유형으로 분석하기
수필 / 아나운서 / 누에 / 노력

1 ④ 2 ④ 3 ② 4 ② 5 ⑤ 6 ②

1 ㉠는 글쓴이가 신입 아나운서 시절에 있었던 이야기를 진솔하게 담아낸 수필이다. 수필은 자신의 삶 속에서 겪은 다양한 경험을 바탕으로 쓰는 글이기에 형식에 얽매일 필요가 없고 누구든지 자유롭게 쓸 수 있다는 특징을 가진다.

2 ㉠은 '뱁새가 황새를 따라가면 다리가 찢어진다'라는 속담을 인용해서 쓴 것이다. 여기서 뱁새는 꾸미는 데 재주가 없는 글쓴이를 말하는 것이고, 황새는 세련되게 꾸미고 다녔던 다른 아나운서들을 말한다. '황새 따라가는 뱁새'는 자신의 처지는 생각하지 않고 무작정 이쁘고 세련된 것을 좇아 따라 하던 글쓴이의 행동을 의미한다. 따라서 ④번에 인기 절정의 아이돌이 하는 것을 무작정

따라 사고 있는 예은이의 모습이 이 상황과 가장 비슷한 예라고 볼 수 있다.

3 ⓒ에는 글쓴이의 꾸밈없는 모습을 나타내는 말이 들어가야 한다. ②번의 '세련됨'은 서투르거나 어색한 데가 없이 능숙하게 잘 다듬어져 있다는 뜻으로 글쓴이를 표현하는 말로 적절하지 않다.

4 **나**는 글쓴이가 어린 시절 누에를 먹었던 경험을 쓴 수필이다. 글에는 글쓴이가 누에를 집어삼키는 장면을 생동감 있게 묘사하고 있다.

오답 풀이
① 비유를 통해 누에의 모습을 생생하게 표현한 부분은 찾아볼 수 없다.
③ 글 속에는 글쓴이를 비롯하여 주변 인물 간의 외적 갈등이 드러나 있지 않다.
④ 글의 주제를 암시하는 속담이나 격언이 사용된 부분은 제시된 글 안에서 찾아볼 수 없다.
⑤ 의도하는 바를 반대로 표현하는 것은 반어법인데, 글에서 반어법이 쓰인 부분은 찾아볼 수 없다.

5 ⓐ~ⓓ는 힘들이지 않고 성공하려는 것을 나타내는데 ⓔ는 어릴 적 누에를 먹었던 일을 떠올리는 것이므로 의미하는 바가 다르다.

6 **가**는 '나다움의 소중함을 알고 스스로를 사랑할 줄 아는 것'을 **나**는 '요행을 바라지 않고 꾸준히 노력하는 마음가짐의 중요성'을 일깨워 주고 있다.

Ⅱ. 읽기

4 예측·요약하며 읽기 ◎ ⊖ ⊗

문제 유형 ⑯ 글을 읽기 전에 예측하기 위한 활동으로 적절한 것은?
문제 유형 ⑰ 다음에 이어질 내용으로 적절한 것은?
문제 유형 ⑱ 글을 읽고 난 후 독자의 반응으로 적절한 것은?   54쪽

1 (1)✕ (2)○ (3)○   2 ②   3 ②   4 ④

1 (1) 글이 독자 및 사회에 미칠 영향을 예측하는 것은 읽기 단계상 글을 읽은 후에 하는 것이 좋다.

2 글을 읽기 전에는 배경지식이나 경험, 혹은 글의 제목이나 차례, 글쓴이의 정보 등을 보고 내용을 예측해 본다. 주어진 이 글은 〈관계는 첫인상부터 시작된다〉라는 제목과 글쓴이의 이름이 주어져 있으므로 '첫인상'과 '관계'의 연관성을 비롯하여 '좋은 첫인상'의 조건이나 첫인상과 관련된 자신의 경험이나 배경지식을 떠올려 볼 수 있다. 또, 글쓴이의 정보를 검색하여 어떤 주제의 글일지도 예측해 볼 수 있다.
②번에서 부모와 자녀는 첫인상의 영향을 받는 관계가 아니므로 '첫인상'과 '관계'를 가지고 예측하기 위한 활동으로는 적절하지 않다.

3 글을 읽는 중에는 앞선 글의 내용 전개를 파악한 후 다음 내용을 예측하며 읽는다. 앞 문단에서 사람들이 첫인상을 바꾸지 않는 이유가 마음속에 있는 '가설 검증 바이어스' 때문이라고 지적했다. 그다음 문단은 바로 이 '가설 검증 바이어스'의 실제 사례를 뒷받침할 것이라고 예측해 볼 수 있다.
㉠의 앞에는 첫인상이 형성된 이후 사람들이 자신이 판단이 옳다는 것을 증명하는 정보만 선택적으로 받아들이고 다른 정보는 무시한다는 내용이 전개된다. 이를 바탕으로 뚱뚱한 사람이 절제력이 부족하다고 생각하는 사람은 다른 정보는 다 무시하고 자신이 맞다고 생각하는 정보만을 선택적으로 받아들인다는 내용이 이어져야 한다. 따라서 뚱뚱한 사람이 절제력을 상실한 행동만을 기억한다는 ②번 내용이 가장 적절하다.

4 글을 읽고 난 후에는 글의 내용과 관련지어 독자 혹은 사회에 미칠 영향을 예측하게 된다. 이 글은 사람들의 첫인상이 쉽게 바뀌지 않는 이유로 '가설 검증 바이어스'가 무엇인지 구체적인 예를 들어 설명하고 있다. 이 글을 읽고 나면 사람들은 첫인상에 대한 자신의 판단이 옳다는 것을 증명하고 싶어 한다는 것을 알게 될 것이므로 독자의 반응으로 가장 적절한 것은 ④번이다.

① 사람들이 첫인상을 바꾸려 하지 않는다는 것이지 처음 만나는 사람을 자세히 관찰할 필요가 없다는 내용은 아니다.
② 사람들이 첫인상을 바꾸려 하지 않는 것과 지나치게 외모 가꾸기에 힘쓰고 있다는 것은 내용상 관련성이 적다.
③ 이 글은 사람들이 정보를 객관적으로 받아들이는 것이 아니라 자신의 판단이 옳다는 것을 증명하는 정보만 치우치게 받아들이고 있다는 알려 주고 있다.
⑤ 뚱뚱한 사람이 절제력이 없다고 생각하는 사람의 예를 제시한 것이지 뚱뚱한 사람이 실제로 절제력이 부족해서 인간관계의 어려움을 겪는다는 말이 아니다.

문제 유형 ⑲ 이 글의 내용을 요약하는 방법으로 적절하지 않은 것은?
문제 유형 ⑳ 이 글을 요약한 내용으로 적절한 것은?   56쪽

1 (1)핵심 (2)주장 (3)줄거리 (4)일반화
2 ⑤   3 ②

2 이 글은 주장하는 글이 아니므로 주장을 파악하고 근거를 정리하는 방법으로 요약하는 것은 적절하지 않다.

3 이 글은 두 개의 문단으로 이루어져 있으며 각 문단에서는 어려움에 처한 동물들이 인간에게 다가와 도움을 받은 이야기를 담고 있다. 이 두 사례를 묶어 위험에 처한 동물들이 인간에게 도움을 구하기도 한다고 요약해 볼 수 있다.

유형 정복 1단계 세계가 극찬한 우리 문자   58쪽

문제 유형으로 분석하기
제목 / 배경지식 / 보편성 / 독자 / 가치
1 ①   2 ⑤   3 ⑤   4 ②   5 ③   6 ④

1 예측하며 읽기는 배경지식이나 글의 정보를 바탕으로 읽는 것이다. 글에 담긴 정보의 출처를 검토하는 것은 예측하며 읽는 방법에 해당하지 않는다.

2 글을 읽기 전에는 글의 제목이나 차례, 글쓴이 혹은 글 안에 포함된 여러 시각 자료를 바탕으로 내용을 예측한다. 〈세계가 극찬한 우리 문자〉라는 글의 제목을 통해 우리 문자인 '한글'에 대한 질문을 할 수도 있고, 한글의 어떤 면을 극찬했는지 짐작해 볼 수도 있다. 그리고 한글이 다른 나라에서 사용하는 문자와 어떤 차이가 있을지 떠올려 볼 수도 있다. 그러나 세상에 문자를 쓰지 않는 사람들이 얼마나 될지를 질문하는 것은 글을 읽기 전에 예측할 수 있는 내용으로 거리가 멀다.

3 [보기]는 미국에서 한글을 가르치는 교수의 말로 외국인 학생들이 한글을 쉽게 배운다는 사실을 전하고 있다. 이를 바탕으로 글쓴이는 한글이 누구나 쉽게 배울 수 있는 과학적인 문자라는 사실을 알리려는 의도가 있다고 예측해 볼 수 있다.

4 ㈏에서는 천문학자 와타나베 가즈오가 다른 나라의 임금과 달리 세종은 백성을 위해 문자를 만든 위대한 임금이라고 생각하여 별에 '세종'이라는 이름을 붙였다는 일화를 전하고 있다. 전개상 이다음은 '세종'이 만든 '문자'에 대한 이야기가 이어져야 자연스럽다. 백성을 위해 헌신했던 일본의 왕 이야기가 오는 것은 적절하지 않다.

5 ㈎는 세종이 다양한 분야의 연구를 통해 말소리의 이치를 분석하고 이를 바탕으로 훈민정음을 만들었다는 내용을 언급하고 있다. 이다음에는 훈민정음의 말소리에 담긴 과학적인 원리를 구체적으로 설명하는 내용이 이어져야 적절하다.

6 이 글에는 한글이 누구나 쉽게 배울 수 있는 보편성을 가지고 있어 우수한 문자라는 사실을 언급하고 있으나 이것이 쉽게 만들지 않은 문자는 가치가 없다는 것을 의미하지는 않는다. 한글은 세종이 모든 백성들이 쉽게 배워야 한다는 생각으로 만든 문자였기에 가능했다고 볼 수 있다.

오답 풀이
①, ② ㈑의 내용을 통해 알 수 있다.
③ ㈏의 내용을 통해 알 수 있다.
⑤ ㈎의 내용을 통해 알 수 있다.

3 이 글에는 소크라테스가 살던 시대에 유행했던 학문은 등장하지 않는다.

오답 풀이
① ㈐에 인간의 지혜를 말하는 성경 구절이 나와 있다.
②, ③ ㈎에 델포이 신전이 아폴론 신을 모시고 있으며 그 신전 현관 기둥에 새겨진 문구가 "너 자신을 알라!"라는 내용이 나와 있다.
⑤ ㈏에 소크라테스가 친구 카이레폰에게 아폴론 신전에서 받은 신탁의 내용을 들은 것이 40세 무렵이라고 나와 있다.

4 [보기]에서 설명하는 요약 방법은 삭제이다. 삭제할 때는 중심 내용이 무엇인지 파악하고 삭제해도 될 만한 반복되는 정보나 구체적인 예시를 추려 내야 한다. ㈑은 인간의 지혜가 신의 것에 비하면 얼마나 보잘것없었는지 보충하여 설명하기 위해 예시로서 덧붙인 것이므로 삭제해도 된다.

5 글의 내용을 요약할 때 핵심 내용이 잘 드러나게 담아내는 것도 중요하지만 글에 담긴 정보를 제대로 이해하고 요약하는 것도 중요하다. ③번은 소크라테스가 그동안 열심히 닦아 온 학문에 대한 자부심이 있다는 내용이 있지만 이것은 실제 글의 내용과 다르다. ㈏를 보면 소크라테스는 스스로가 무지하다는 사실을 잘 알고 있었다고 나와 있다.

6 [보기]의 질문은 ㈐를 바탕으로 추론해 볼 수 있다. ㈐에는 모든 진리는 무지를 자각하는 사람에게서만 파악되며 진정한 진리는 겸손한 자에게만 나타난다는 구절이 있다. 이로 미루어 보아 진리 앞에 겸손한 자세로 참된 지혜를 추구했던 소크라테스의 모습이 있었기에 '너 자신을 알라'라는 말이 그를 통해 오늘날 우리에게까지 전해지고 있다고 보는 것이 가장 적절하다.

유형 정복 2단계 "너 자신을 알라!"가 소크라테스의 말이라고? 60쪽

문제 유형으로 분석하기
델포이 / 현명한 / 무지 / 진리

1 ⑤   2 ⑤   3 ④   4 ④   5 ③   6 ⑤

1 이 글은 "너 자신을 알라!"라는 말과 소크라테스에 얽힌 일화를 중심으로 정보를 전달하는 글이다. ⑤번은 이야기 글을 요약할 때 사용하는 방법이므로 적절하지 않다.

2 ㈏의 중심 내용은 소크라테스에게 가장 현명한 자라는 신탁이 내려진 사연이다. 아테네 사람들 중 소크라테스만이 스스로 무지하다는 사실을 알고 있었는데 이것이 그에게 가장 현명한 아테네인으로 신탁이 내려진 이유였다. 이와 같은 내용을 담아 한 문장으로 요약한 것은 ⑤번이다.

문제 유형 ㉑ 설명문의 특징으로 적절한 것은?   64쪽

1 (1) 객관적   (2) 설명 방법   (3) 처음   2 ⑤

2 설명문은 어떤 대상에 대한 지식이나 정보를 전달하는 글이다. 글쓴이의 주관적인 견해를 드러내는 것은 논설문의 특징이다.

문제 유형 ㉒ 이 글의 내용으로 적절한 것은?
문제 유형 ㉓ 이 글에 쓰인 설명 방법으로 적절한 것은?   66쪽

1 (1) 정의   (2) 인과   (3) 분류   (4) 대조
2 (1) 예   (2) 공통점   (3) 일정한 기준   (4) 나누어
3 (1) 인과   (2) 분석   (3) 예시   (4) 정의
   (5) 분류   (6) 비교   (7) 구분   (8) 대조
4 ⑤   5 ③   6 ④

4 이 글의 중심 내용은 정전기는 전기와 다르게 전류가 거의 없어 위험하지 않다는 것이다.

5 이 글에서는 대조를 활용하여 정전기가 위험하지 않은 이유를 정전기와 전기의 차이점을 중심으로 설명하고 있다.

6 ㉠에서 쓰인 설명 방법은 대조이다. ④번도 대조의 설명 방법을 활용하여 철새와 텃새의 차이점을 중심으로 설명하고 있다.

> **오답 풀이**
> ① 분석의 설명 방법을 활용하여 곤충 몸의 각 부위를 나누어 설명하고 있다.
> ② 인과의 설명 방법을 활용하여 병에 걸리기 쉬운 이유를 원인과 결과를 중심으로 설명하고 있다.
> ③ 분류의 설명 방법을 활용하여 떡잎이 하나인 외떡잎 식물끼리 묶어서 설명하고 있다.
> ⑤ 예시의 설명 방법을 활용하여 우리나라에 있는 광역시의 예를 들어 설명하고 있다.

문제 유형으로 분석하기
정보 / 정전기 / 정의 / 분석

1 ④   2 ④   3 ②   4 ⑤   5 ④   6 ③

1 이 글은 설명문이다. 설명문은 어떤 대상에 대한 정보를 객관적으로 전달하는 글이다.

> **오답 풀이**
> ① 갈등을 중심으로 사건이 전개되는 글은 소설이다.
> ② 어떤 인물의 생애와 업적을 기록하는 글은 전기문이다.
> ③ 타당한 근거를 바탕으로 주장을 드러내는 글은 논설문이다.
> ⑤ 글쓴이의 생생한 경험을 통해 교훈을 일깨우는 글은 수필이다.

2 이 글에 청소기에 대한 내용은 등장하지 않는다.

3 **나**에서는 정전기가 생기는 원인이 마찰 때문이라는 내용을 설명하고 있다.

> **오답 풀이**
> ① **가**는 정전기의 개념을 설명하고 있다.
> ③ **다**는 정전기가 여름보다 겨울에 더 잘 생기는 까닭을 설명하고 있다.
> ④ **라**는 정전기가 우리 생활을 편리하게 하는 예를 설명하고 있다.
> ⑤ **마**는 정전기를 줄이기 위해 적절한 습도를 유지하는 방법을 설명하고 있다.

4 ㉠은 정의의 설명 방법을 활용하여 정전기의 개념을 설명하고 있다. 이와 마찬가지로 ①번은 음악의 개념, ②번은 쟁기의 개념, ③번은 효도의 개념, ④번은 심리학의 개념을 정의의 설명 방법으로 설명하고 있다. ⑤번은 대조의 설명 방법을 활용하여 씨름과 그네의 차이점을 설명하고 있다.

5 ㉡은 분석의 설명 방법을 활용하여 원자를 구성하는 요소를 나누어 설명하고 있다. ④번도 분석의 설명 방법으로 시계를 구성하는 각 요소를 나누어 설명하고 있다.

> **오답 풀이**
> ① 비교의 설명 방법을 활용하여 호랑이와 사자를 공통점 중심으로 설명하고 있다.
> ② 예시의 설명 방법을 활용하여 현악기의 구체적인 예를 들어 설명하고 있다.
> ③ 구분의 설명 방법을 활용하여 문학을 형태에 따라 나누어 설명하고 있다.
> ⑤ 인과의 설명 방법을 활용하여 전기 사용량이 급증한 현상을 원인과 결과를 중심으로 설명하고 있다.

6 이 글에 정전기를 누가 연구하기 시작했는지는 다루고 있지 않다. ①번은 **가**, ②번은 **나**, ④번은 **라**, ⑤번은 **마**를 읽고 답할 수 있는 질문이다.

문제 유형으로 분석하기

공감각 / 정의 / 대조

1 ④　　2 ④　　3 ③　　4 ④　　5 ③　　6 ④

1　이 글은 설명문이다. 글의 내용에 공감하며 개인의 경험과 삶에 비추어 성찰하며 읽는 것은 시, 소설, 수필과 같은 문학 장르의 글이다.

2　**라**에서는 호크니가 그림에 사람을 그려 넣지 않은 이유를 설명하고 있다.

3　글에서는 호크니의 〈풍덩〉이라는 그림을 예로 들어 공감각의 개념을 설명하고 있다. ①, ②, ④, ⑤번은 이 글에서 알 수 없는 내용이다.

4　㉠은 정의의 설명 방법을 활용하여 공감각의 개념을 설명하고 있다. ④번도 정의의 설명 방법으로 구기 종목의 개념을 설명하고 있다.

> **오답 풀이**
> ① 대조의 설명 방법을 활용하여 상어와 고래의 차이점을 설명하고 있다.
> ② 분석의 설명 방법을 활용하여 나무를 구성하는 요소를 나누어 설명하고 있다.
> ③ 인과의 설명 방법을 활용하여 아침에 도로가 얼어 버린 현상을 원인과 결과를 밝혀 설명하고 있다.
> ⑤ 예시의 설명 방법을 활용하여 우리나라 전통 놀이의 구체적인 예를 들어 설명하고 있다.

5　㉡은 대조의 설명 방법을 활용하여 유화와 아크릴 물감을 차이점 중심으로 설명하고 있다. 대조는 둘 이상의 대상을 차이점 중심으로 설명하는 방법이다.

> **오답 풀이**
> ① 정의에 대한 설명이다.
> ② 인과에 대한 설명이다.
> ④ 예시에 대한 설명이다.
> ⑤ 구분에 대한 설명이다.

6　**마**에는 누구나 어릴 적에는 공감각을 가지고 있으며, 예술 작품과 가까워지면 공감각을 되살릴 수 있다는 내용이 나온다. 따라서 ④번의 공감각은 타고나는 거라서 키우기 힘들다는 반응은 적절하지 않다.

6　　　　**주장하는 글 읽기**　　◎ ◎ ⊗

문제 유형 ㉔ 논설문의 특징으로 적절한 것은?　74쪽

1 (1)○　(2)✕　(3)○　　2 ⑤

1　(2) 논설문의 구성 단계에서 글의 내용을 요약하고 글쓴이의 주장을 재강조하는 것은 결론이다.

2　비유와 상징과 같은 표현 방법을 사용하여 글쓴이의 감정을 효과적으로 전달하는 것은 논설문이 아니라 시와 소설과 같은 문학 작품이 가지는 특징이다.

문제 유형 ㉕ 글쓴이가 주장하는 바로 적절한 것은?
문제 유형 ㉖ 글쓴이의 주장을 뒷받침하는 근거로 적절하지 않은 것은?
　　　　　　　　　　　　　　　　　　　　75쪽

1 (1) **관련성**　(2) **타당**　　2 ⑤

2　이 글은 육식 위주의 식생활이 가지는 문제점을 지적하고 개선해야 한다는 주장을 담은 글이다. 여기서 글쓴이의 주장이 담긴 문장은 ㉢이고, ㉠~㉣은 주장을 뒷받침하는 근거 및 보충 설명에 해당한다.

문제 유형으로 분석하기

더위 / 기후 변화

1 ②　　2 ⑤　　3 ⑤　　4 ⑤　　5 ④　　6 ②

1　이 글은 논설문이다. 논설문을 읽을 때는 글쓴이의 견해에 전적으로 동의하기보다 글에 담긴 주장과 근거의 객관성과 타당성을 판단하며 읽어야 한다.

2　글에는 지속 가능한 발전을 위해 녹색 성장을 준비해야 한다는 내용이 등장하지만 녹색 성장 정책이 추진 중이라는 것은 언급하지 않았다.

> **오답 풀이** ①번은 **라**, ②번은 **나**, ③번은 **마**, ④번은 **라**에 등장하는 내용이다.

3　[보기]의 설명에 해당하는 논설문의 구성 단계는 결론이다. 결론은 글의 내용을 요약하고 주장을 재강조하는 것으로 이 글에서는 **바**에 해당한다.

4　[보기]는 우리나라의 에너지 사용량에 대한 내용을 다루고 있다. **마**의 마지막 문장에 세계 여러 나라가 1인당 탄소 배출량을 줄이는 데 애쓰는 것과 달리 우리나라는

탄소 배출량이 늘어났다고 지적하고 있으므로 [보기]의
글은 ⑩ 뒤에 오는 것이 적절하다.

5 [보기]는 논설문에서 통계 자료, 뉴스와 같은 객관적인
자료를 근거로 제시할 때 주장의 신뢰도를 높일 수 있다
고 말한다. ⓒ은 2015년에 지구의 연평균 기온이 얼마나
높은지 구체적인 수치를 들어 설명하고 있으므로 글쓴
이의 주장에 신뢰도를 높여 주는 객관적인 근거로 적절
하다고 볼 수 있다.

6 ⑪에서 '우리는 더위 앞에서 에너지 사용량을 줄일 생
각까지 미치지 못한다. 더위에 대응하는 근본적인 대책
에 관해 관심이 적다'라는 구절을 통해 에너지 낭비의
원인이 더위 때문임을 알 수 있다.

사육장에 대한 기록을 읽으며 느낀 부끄러움을 드러내
고 있으므로 의견이다.

5 우리나라가 어디를 가나 음식점 간판들로 요란하다는
것은 육식 위주의 식생활이 바람직하지 않다는 주장에
따른 근거라기보다는 육식 위주의 식생활의 심각성과
문제의식을 드러내는 배경이라고 볼 수 있다.

6 ⑪의 '농경 사회에서 익혀 온 식생활이 더없이 이상적
이고 합리적이라는 사실'이라는 구절로 보아 인류가 농
경 사회에서 익혀 온 식습관은 육식 위주가 아니라 채식
위주였다는 것을 알 수 있다.

유형 정복 **2단계** 먹어서 죽는다
78쪽

문제 유형으로 분석하기
육식 / 지구 자원 / 학대 / 제초제

1 ⑤   2 ①   3 ⑤   4 ④   5 ③   6 ③

---

1 이 글은 주장과 근거를 바탕으로 설득하기 위한 목적을
가진 논설문이다. 참신함과 생동감을 더하는 다양한 표
현 방법을 쓰는 것은 시와 소설 같은 문학 장르의 글이
가지는 특징이다.

오답 풀이
① 육식 위주의 식생활에 대한 비판적인 시각이 두드러지는 글
이다.
② '먹어서 죽는다'라는 인상적인 제목으로 독자의 흥미를 불러일
으키고 있다.
③ 제러미 리프킨의 《쇠고기를 넘어서》라는 책에 등장하는 객관
적인 수치 자료를 인용하고 있어 글의 신뢰도를 높이고 있다.
④ 글쓴이는 제러미 리프킨의 책을 읽고 깨달은 바를 바탕으로 자
신의 주장을 펼치고 있다.

2 [보기]의 내용은 우리나라 사람들의 식생활이 육식 위주
로 바뀌게 된 계기를 이야기하고 있다. ⑦에서 우리나라
곳곳에 있는 고기를 파는 식당 간판에 대한 이야기가 등
장하므로 ⑦ 뒤에 오는 것이 적절하다.

3 ⑩의 '리프킨의 책을 읽으면서 우리 인간이 얼마나 잔
인하고 무자비한가를 같은 인간으로서 부끄러워하지 않
을 수 없었다'는 구절을 통해 글쓴이가 책의 내용에 동의
하면서 자기주장의 타당성을 높이고 있음을 알 수 있다.

4 논설문을 읽을 때는 사실과 의견을 구분해서 읽어야 하
는데 ㉠, ㉡, ㉢, ㉤은 사실이며, ㉣은 글쓴이가 동물의

Ⅲ. 문법

7 언어의 본질 ⊘ ⊖ ⊗

문제 유형 ㉗ 언어의 본질에 대한 설명으로 적절한 것은?
문제 유형 ㉘ 언어의 본질을 설명하는 예로 적절한 것은?
문제 유형 ㉙ 이 상황이 발생하게 된 이유로 적절한 것은?   83쪽

> 1 (1)✕ (2)〇 (3)〇 (4)✕   2 ⑤   3 ①   4 ③

1 (1) 언어의 말소리와 뜻은 우연히 만난 것으로 필연적으로 연결되어 있지 않다. 이는 언어의 자의성이라고 하며 같은 사물을 두고 각 나라의 언어마다 다르게 부르는 것으로도 쉽게 알 수 있다.
   (4) 언어는 시간의 흐름에 따라 끊임없이 새로운 말이 생겨나지만 언어마다 존재하는 일정한 규칙을 지켜가며 사용해야 한다.

2 언어의 창조성은 모든 말을 다 배우지 않아도 무한대로 새로운 단어와 문장을 만들 수 있다는 것이다.

   오답 풀이
   ① 언어의 자의성을 설명하고 있다.
   ② 언어의 사회성을 설명하고 있다.
   ③ 언어의 역사성을 설명하고 있다.
   ④ 언어의 규칙성을 설명하고 있다.

3 언어의 역사성은 언어가 시간의 흐름에 따라 사라지거나 새로 생기거나 변할 수 있다는 것이다. 전에 없던 '인공 지능'이라는 말이 새로 생겨난 것은 언어의 역사성을 보여 주는 예로 가장 적절하다.

   오답 풀이
   ②, ⑤ 언어의 자의성을 보여 주는 예이다.
   ③ 언어의 창조성을 보여 주는 예이다.
   ④ 언어의 사회성을 보여 주는 예이다.

4 볼펜을 '볼펜'이라고 부르는 이유는 사회의 구성원 모두가 '볼펜'이라고 부르기로 약속했기 때문이다. 아무리 혼자서 볼펜을 '펜디'라고 부르기로 했다고 해도 볼펜을 '펜디'로 불러 주는 사람이 없다면 의사소통에 장애가 생겨 불편함을 겪게 된다. 소담이는 이와 같은 언어의 사회성을 이해하지 못했다고 볼 수 있다.

유형 정복 1단계   84쪽

> 1 ④   2 ①   3 ②   4 ⑤   5 ④   6 ①

1 언어의 자의성은 언어의 형식과 내용은 필연적인 관계가 아니라 우연히 그렇게 만들어졌다는 것이다.

오답 풀이
① 언어의 규칙성을 설명하고 있다.
② 언어의 사회성을 설명하고 있다.
③ 언어의 역사성을 설명하고 있다.
⑤ 언어의 창조성을 설명하고 있다.

2 언어의 역사성은 말이 시간의 흐름에 따라 사라지거나 새로 생기거나 변할 수 있다는 것이다. 로봇은 그 전에 없던 새로운 말로서 언어의 역사성을 설명하는 적절한 예라고 볼 수 있다.

   오답 풀이
   ㉠ 언어의 규칙성을 보여 주는 예이다.
   ㉢ 언어의 창조성을 보여 주는 예이다.
   ㉣ 언어의 사회성을 보여 주는 예이다.
   ㉤ 언어의 자의성을 보여 주는 예이다.

3 언어의 창조성은 모든 말을 다 배우지 않아도 새로운 단어와 문장을 끊임없이 만들어 사용할 수 있다는 것이다. '꽃잎', '나무', '흔들리다'로 '꽃잎이 흔들리다', '나무가 흔들리다', '나무에서 꽃잎이 흔들리다' 등 여러 가지 문장을 만들 수 있다.

   오답 풀이
   ① 언어의 규칙성을 보여 주는 예이다.
   ③ 언어의 자의성을 보여 주는 예이다.
   ④ 언어의 역사성을 보여 주는 예이다.
   ⑤ 언어의 사회성을 보여 주는 예이다.

4 한국어는 문장을 만들 때 행동의 주체가 앞으로 나오고 동작을 서술하는 말이 뒤에 나온다. 이는 한국어로 말을 만들 때의 규칙으로 이 순서를 지키지 않을 경우 어색한 문장이 된다. 이 상황을 설명하는 언어의 본질은 언어의 규칙성이다.

5 이 상황은 '이쁘다'와 '예쁘다'가 복수 표준어로 인정된 사례이다. '예쁘다'가 표준어이고, '이쁘다'는 비표준어였지만 사람들이 두 말의 의미를 크게 구별하지 않고 사용하면서 '이쁘다'도 표준어로 인정받게 되었다. 이 상황은 시간의 흐름에 따라 말이 변하는 언어의 역사성의 사례로 볼 수 있다. ④번은 역사성의 개념을 설명하고 있다.

6 이 상황은 재영이가 학원을 '경찰서'로 바꾸어 부르면서 발생한 오해를 담고 있다. 언어는 사용하는 사람들끼리 정한 약속이므로 개인이 함부로 바꾸어 사용할 때 의사소통의 장애를 가져오거나 오해를 불러일으킬 수 있다. 이 상황을 설명하기에 적절한 언어의 본질은 사회성이다.

　　1 ④　　2 ⑤　　3 ⑤　　4 ③　　5 ③　　6 ②

1　언어는 일정한 형식과 내용을 갖추고 있지만 시간의 흐름에 따라 계속 변하는 특성을 갖는다.

2　[보기]는 시계를 두고 나라마다 말소리와 표기가 다르다는 것을 보여 주고 있다. 이는 언어의 형식과 내용이 필연적으로 연결된 것이 아니라는 자의성의 예이다. ①, ②, ③, ④번은 언어의 자의성에 대한 설명과 그 예시이다. ⑤번은 '시계'을 다른 말로 바꾸어 부를 때 발생하는 상황으로 언어의 사회성에 해당하는 설명이다.

3　언어의 사회성은 언어가 사회 구성원이 한 약속이므로 함부로 바꿀 수 없다는 것이다. 만약에 이를 지키지 않을 경우에는 상호간의 의사소통에 장애가 생길 수밖에 없다.

4　[보기]는 언어의 역사성을 보여 주는 사례들이다. ㉢은 시대가 흐르면서 새롭게 생겨난 물건을 가리키기 위해 만들어진 말이고, ㉣도 그전에 없었으나 여러 가지 사회 현상이나 트렌드를 반영하여 새롭게 생겨난 말이다. 적절하지 않은 설명은 ③번이다.

5　모든 언어는 일정한 규칙을 가지고 있어 이를 지켜서 사용해야 한다. 다음 중 언어의 규칙성을 제대로 지킨 문장은 ③번이다.

　　오답 풀이
　　① '어제'라는 말은 과거를 나타내는 말과 써야 한다. 바르게 고치면 '어제 친구가 출발했다.'이다.
　　② 동생에게는 존대 표현을 쓰지 않아도 된다. 바르게 고치면 '동생이 울먹이며 말했다.'이다.
　　④ '아직'은 무언가를 다 완료하지 못한 상태를 나타낼 때 쓰는 말이다. 바르게 고치면 '형은 숙제를 아직 끝내지 못해서 쉴 수 없었다.'이다.
　　⑤ '부터'와 '까지'를 쓸 때는 '부터'가 먼저 나와야 한다. 바르게 고치면 '오늘 학교에서부터 집까지 비를 맞고 갔다.'이다.

6　이 상황은 한두 개의 말을 배우면 여러 가지 말과 문장을 끊임없이 만들 수 있는 언어의 창조성을 보여 주는 사례이다.

8　품사의 종류와 특성　⊘ ⊖ ⊗

문제 유형 ㉚　품사의 뜻과 분류 기준에 대한 설명으로 적절한 것은?　88쪽

　　1 (1) **공통된**　(2) **기능**　　**2** ④

2　품사는 단어를 공통된 성질을 지닌 것끼리 묶어 놓은 것으로 명사는 의미에 따라 분류한 것이다.

　　오답 풀이
　　① 품사의 분류 기준은 3가지이다.
　　② 품사의 분류 기준은 형태, 기능, 의미이다.
　　③ 품사는 문장이 아니라 단어를 공통된 성질로 묶은 것이다.
　　⑤ 품사를 기능에 따라 분류하면 체언, 용언, 수식언, 관계언, 독립언 이렇게 다섯 가지로 나뉜다.

문제 유형 ㉛　체언에 대한 설명으로 적절한 것은?　89쪽

　　1 (1) ✕　(2) ✕　(3) ○　(4) ○　　**2** ②

1　(1) 체언에는 명사, 대명사, 수사가 있다.
　　(2) 명사는 사람이나 사물의 이름을 나타내는 단어이다. 사람이나 사물의 이름을 대신 나타내는 단어는 대명사이다.

2　체언은 형태가 변하지 않는 불변어이다.

문제 유형 ㉜　용언에 대한 설명으로 적절한 것은?　90쪽

　　1 (1) **형용사**　(2) **형태**　(3) **부사**　　**2** ③

2　용언은 문장에서 주체를 서술하는 단어이며 동작이나 움직임을 나타내는 동사, 상태나 성질을 나타내는 형용사가 있다. 용언은 문장 안에서 쓰임에 따라 다양한 형태로 바뀌어 활용되는 가변어이다.

　　오답 풀이
　　① 용언에는 동사, 형용사가 있다.
　　② 용언은 문장에서 주체가 되는 대상의 동작이나 상태를 서술하는 역할을 한다.
　　④ '걷다'는 동사이고, '밝다, 빠르다, 예쁘다'는 형용사이다.
　　⑤ 사람이나 사물의 상태와 성질을 나타내는 것은 동사가 아니라 형용사이다.

문제 유형 ㉝　수식언에 대한 설명으로 적절한 것은?　91쪽

　　1 (1) **관형사**　(2) **체언**　(3) **조사**　(4) **생략**　　**2** ④

2　관형사는 체언을 꾸미지만 문장 전체를 꾸미지 않는다. 문장 전체를 꾸미는 것은 부사이다.

1 (1)○ (2)✕ (3)○ **2** ④

1 (2) 독립언은 문장에서 독립적으로 쓰이며 생략이 가능하다.

2 조사는 관계언으로서 단어들의 문법적인 관계를 나타내는 단어이다.

오답 풀이
① 독립언에는 감탄사가 있다.
② 관계언에는 조사가 있다.
③ 독립언은 어디에 붙어서 쓰이는 것이 아니라 문장 안에서 독립적으로 쓰인다.
⑤ 관계언 중 서술격 조사 '이다'는 용언처럼 쓰임에 따라 형태가 바뀌어 활용된다.

개념 체크⁺ 93쪽

1 일찍	2 하나	3 한	4 아름답다
5 소리치다	6 잘	7 느린	8 그래
9 현호야			

1 '일찍'은 주체의 동작이나 상태를 꾸며 주는 부사이다.

2 '하나'는 수를 나타내는 수사이다.

3 '한'은 수가 하나임을 나타내는 관형사이다.

4 '아름답다'는 대상의 상태를 나타내는 형용사이다.

5 '소리치다'는 행동을 나타내는 동사이다.

6 '잘'은 용언 앞에서 말을 꾸며 주는 부사이다.

7 '느린'은 대상의 상태를 나타내는 형용사이다.

8 '그래'는 부름에 따른 대답을 나타내는 감탄사이다.

9 '현호야'는 명사와 조사가 결합된 말이다.

유형 정복 1단계 94쪽

1 ②	2 ②	3 ①	4 ③	5 ④	6 ③
7 ④	8 ③	9 ⑤	10 ②	11 ③	12 ④

1 품사는 단어를 공통된 성질로 묶은 갈래이며 그 분류 기준은 형태, 기능, 의미이다.

오답 풀이
① 우리말에는 9개의 품사가 있다.

③ 수식언은 문장에서 다른 말을 꾸며 주는 역할을 한다.
④ 용언은 문장에서 주체의 동작이나 상태를 서술하는 역할을 한다.
⑤ 체언은 문장에서 주체가 되는 단어로 위치에 관계없이 형태가 변하지 않는 불변어이다.

2 [보기]의 단어를 기능에 따라 분류하면 '물놀이'는 체언, '씻다'는 용언, '첨벙첨벙'은 수식언, '부터'는 관계언, '어머나'는 독립언이다. 바르게 분류한 것은 ②번이다.

3 [보기]에서 설명하는 품사는 대명사이다. ①번 문장에서 '우리'라는 대명사가 쓰였다.

4 사람이나 사물의 이름을 나타내는 단어는 명사이다. 명사로만 짝지어진 것은 ③번이다.

오답 풀이
① '행복'은 명사, '여기'는 대명사이다.
② '일곱'은 수사, '사람'은 명사이다.
④ '그녀'는 대명사, '사랑'는 명사이다.
⑤ '다섯'은 수사, '지혜'는 명사이다.

5 용언은 문장에서 주체의 동작이나 상태를 서술하는 단어로 동사와 형용사가 있으며, 쓰임에 따라 형태가 달라지는 가변어이다. [보기]에서 용언에 대해 바르게 설명한 것은 ㉢, ㉣이다.

6 ①번의 '작다', ②번의 '붉게', ④번의 '예쁘게', ⑤번의 '매운'은 전부 주체의 상태와 성질을 나타내는 형용사이다. ③번의 '먹었다'는 동작을 나타내는 동사이다.

7 밑줄 친 단어 '새'는 체언을 꾸며 주는 관형사, '꼭'은 용언을 꾸며 주는 부사이다. '반드시 갈게'에서 '반드시'는 주체의 동작을 꾸며 주는 부사로서 '꼭'과 같은 품사이다.

오답 풀이
① '새'는 체언을 꾸미는 관형사이다.
② '꼭'은 용언을 꾸미는 부사이다.
③ '꽤 잘해'의 '꽤'는 '잘하다'라는 동사를 꾸며 주는 부사이므로 관형사인 '새'와 같은 품사가 아니다.
⑤ '새'와 '꼭'은 모두 수식언으로 위치에 상관없이 단어의 형태가 변하지 않는다.

8 [보기]의 문장에서 빈칸 뒤에는 '깨끗하다'와 '피었다'와 같은 용언이 오는 것으로 보아 빈칸에는 용언 앞에서 그 말을 꾸며 주는 부사가 들어가야 한다.

9 [보기]의 단어를 같은 품사끼리 묶으면 관형사에 '옛, 여러', 부사에 '아주, 쩍쩍, 정말', 조사에 '에게, 도'가 들어간다.

10 독립언은 형태가 변하지 않는 불변어이며 조사가 붙지 않고 생략이 가능하다.

11 '철수야'는 사람 이름인 명사 '철수'와 조사 '야'가 결합하여 만들어진 것이므로 감탄사가 아니다.

12 품사의 분류 기준은 형태, 기능, 의미이다. 첫 번째 기준은 형태 변화의 유무에 따라 가변어와 불변어로 나뉜다. ㉠에 들어갈 말은 불변어이다. 기능에 따라서는 체언, 용언, 수식언, 관계언, 독립언으로 나뉘는데 ㉡은 동사와 형용사가 포함된 것으로 보아 용언이 들어간다. 의미에 따라서 9가지의 품사로 나뉘는데 ㉢에는 관계언인 조사가 들어간다.

유형 정복 2단계

96쪽

1 ③	2 ⑤	3 ④	4 ④	5 ③	6 ⑤
7 ⑤	8 ②	9 ⑤	10 ③	11 ①	12 ⑤

1 품사의 분류 기준은 형태, 기능, 의미가 있다. 형태 변화 유무에 따라 가변어, 불변어로 나뉘고, 문장 안에서 어떻게 쓰이는지에 따라 체언, 용언, 수식언, 관계언, 독립언으로 나뉘며, 단어가 가진 의미에 따라 명사, 대명사, 수사, 동사, 형용사, 관형사, 부사, 조사, 감탄사로 나누어 볼 수 있다. 분류 기준이 같은 것끼리 묶은 것은 체언, 독립언, 용언을 묶은 ③번이다.

2 형태가 변하는 단어로 동사, 형용사, 서술격 조사인 '이다'가 있다. [보기]의 문장에서 형태가 변하는 단어는 '떠난(동사), 뜻깊은(형용사), 만들었다(동사)'이다. 이 단어들로만 묶인 것은 ⑤번이다.

> **오답 풀이**
> ① '나'는 대명사, '함께'는 부사이다.
> ② '에서'는 조사, '여행, 친구'는 명사이다.
> ③ '을'은 조사, '추억'은 명사이다.
> ④ '추억'은 명사, '와'는 조사이다.

3 수량을 표현하는 수사와 수를 나타내는 수 관형사를 구별하는 문제이다. ①번의 '하나', ②번의 '둘', ③번의 '첫째', ⑤번의 '셋'은 수량이나 순서를 나타내는 수사이지만, ④번의 '세'는 '마리'를 꾸며 주는 수 관형사이다.

4 [보기]의 '한'과 '헌'은 체언을 꾸며 주는 관형사이다. 관형사에는 옛, 이, 첫, 모든, 온갖 등이 있다.

5 '출발하자'는 주체의 행동을 나타내는 동사이며 기본형은 '출발하다'이다.

6 '가'는 체언에 붙어서 단어 간의 문법적인 관계를 나타내는 조사이다.

> **오답 풀이**
> ① '아침'은 사람이나 사물의 이름을 나타내는 명사이다.
> ② '사는'은 주체의 동작을 서술하는 동사이며, 기본형은 '살다'이다.
> ③ '맑게'는 주체의 상태나 성질을 서술하는 형용사이며, 기본형은 '맑다'이다.
> ④ '열심히'는 용언을 꾸며 주는 부사이다.

7 수식언은 문장에서 다른 말을 꾸며 주는 역할을 하는 단어로 체언을 꾸며 주는 관형사와 용언을 꾸며 주는 부사가 있다. [보기]의 문장에서 사용된 수식언은 관형사 '어느'와 부사 '깡충깡충, 아주, 엉금엉금, 엄청' 이렇게 총 5개이다.

8 장터는 '시장이 열리는 장소'라는 의미를 가진 명사이다.

> **오답 풀이**
> ① '어제'는 오늘의 하루 전 날을 뜻하는 명사이다.
> ③ '밀려와'는 한꺼번에 여럿이 몰려서 오는 행동을 나타내는 동사이며, 기본형은 '밀려오다'이다.
> ④ '무척'은 '어수선하다'라는 형용사를 꾸며 주는 부사이다.
> ⑤ '어수선했다'는 가지런하지 않은 상태를 나타내는 형용사이며, 기본형은 '어수선하다'이다.

9 '푸른'은 '푸르다'가 기본형으로 사물의 상태와 성질을 나타내는 형용사이다.

10 [보기]의 문장에서 밑줄 친 단어는 체언 뒤에 붙어서 단어의 문법적인 관계를 나타내거나 뜻을 더해 주는 조사이다.

> **오답 풀이**
> ① 조사는 문장 안에서 홀로 쓰일 수 없다.
> ② 문장 안에서 놀람, 부름, 느낌을 표현하는 말은 감탄사이다.
> ④ '이것은 과일이다.'에서 쓰인 조사는 '은, 이다' 2개이다.
> ⑤ 조사는 주로 체언 뒤에 붙어서 쓰이지만 용언이나 부사와 같은 다른 품사와 결합하여 쓰이기도 한다.
>
> > • 동사 + 조사: 먹기 + 도→ 빵을 먹기도 해.
> > • 형용사 + 조사: 예쁘지 + 는→ 그리 예쁘지는 않아.
> > • 부사 + 조사: 열심히 + 도→ 청소를 열심히도 했네.

11 ㉠의 '단어'라는 말은 문장 안에서 주체가 되는 역할을 하는 명사이다.

> **오답 풀이**
> ② ㉡의 '를'은 단어의 문법적인 관계를 나타내는 조사이다. 주체의 동작이나 상태를 설명하는 단어는 용언이다.
> ③ ㉢의 '비슷한'은 사람이나 사물의 상태나 성질을 나타내는 형용사이며, 기본형은 '비슷하다'이다.
> ④ ㉣의 '놓으면'은 주체의 동작을 서술하며 쓰임에 따라 형태가 달라지는 동사이며, 기본형은 '놓다'이다.

⑤ ⑩의 '더'는 주로 동사와 형용사를 꾸며 주는 역할을 하는 부사이다. 다른 말에 얽매이지 않고 독립적으로 쓰이는 말은 감탄사이다.

12 각 품사를 문장에서 쓰이는 기능에 따라 분류하면 ㈐의 명사, 대명사, 수사는 체언, ㈑의 동사와 형용사는 용언, ◎의 관형사와 부사는 수식언, ㈓의 조사는 관계언, ㈔의 감탄사는 독립언이다. 바르게 연결된 것은 ⑤번이다.

9 어휘의 체계와 양상 ⊘ ⊖ ⊗

문제 유형 ㉟ 고유어, 한자어, 외래어에 대한 설명으로 적절한 것은? 100쪽

1 (1) 순우리말 (2) 한자 (3) 외래어   **2** ④

2 한자어는 중국의 한자를 바탕으로 만들어진 말이다.

오답 풀이

① '시계(時計), 안경(眼鏡)'은 한자어이다.
② '커피(coffee), 버스(bus)'는 외래어이고, '어머니'는 고유어이다.
③ 우리말은 고유어, 한자어, 외래어로 나눌 수 있다.
⑤ 외래어는 외국에서 들어왔지만 우리말처럼 사용되는 말이다.

문제 유형 ㊱ 표준어와 방언에 대한 설명으로 적절한 것은?   101쪽

1 (1) 표준어 (2) 은어 (3) 지역 방언   **2** ④

2 의사가 사용하는 의학 전문 용어는 직업과 같은 사회적 요인으로 달라진 말로서 사회 방언의 예이다.

오답 풀이

① 공식적인 상황에서 쓰이는 말은 방언이 아니라 표준어이다.
② 표준어는 한 나라에서 공용으로 쓰기 위해 규범으로 정한 말이다.
③ 방언은 지역이나 세대, 성별, 직업과 같은 사회 계층 요인에 따라 달라진 말이다.
⑤ '부침개'를 지역에 따라 달리 말하는 것은 지역 방언의 예이다.

유형 정복 1단계   102쪽

1 ④   **2** ③   **3** ②   **4** ②   **5** ①   **6** ③

1 '달리다, 풍당풍당'은 우리말에 원래부터 있었거나 그것을 바탕으로 하여 새로 만들어진 순우리말로 고유어에 해당한다.

오답 풀이

① 우리말에 원래부터 있던 말은 고유어이다.

② 한자를 바탕으로 만들어진 말은 한자어이다.
③ '버스'는 외래어, '시계(時計), 안경(眼鏡)'은 한자어이다.
⑤ '머리카락'은 고유어, '볼펜(ball pen), 컴퓨터(computer)'는 외래어이다.

2 '하늘'은 한자어가 아니라 고유어에 해당한다.

3 [보기]의 밑줄 친 어휘 '버스, 택시, 라디오'는 모두 외래어다. 외래어란 외국에서 들어왔지만 우리말처럼 쓰는 말이다.

오답 풀이

① 우리말에 원래부터 있던 순우리말은 고유어이다.
③ 전문 직업인이 사용하는 말은 전문어이다.
④ 세대, 성별, 직업과 같은 사회적 요인으로 달라지는 말은 사회 방언이다.
⑤ 다른 사람들이 알아듣지 못하게 특정 집단에서만 쓰는 말은 은어이다.

4 '현질'은 게임을 하는 특정 집단 내에서만 사용하는 은어이다.

오답 풀이

① 전문 집단에서 쓰는 전문어는 사회 방언에 해당한다.
③ 지역이나 사회 계층에 따라 달라진 말은 표준어가 아니라 방언이다.
④ 우리나라에서 공용으로 쓰기 위해 정한 말은 표준어이다.
⑤ 방언을 사용하면 같은 지역이나 집단끼리 친밀감을 형성할 수 있지만 그 말을 알아듣지 못하는 사람들에게는 소외감을 줄 수 있다.

5 [보기]의 '어레스트'는 의사들이 사용하는 의학 용어로 전문어에 해당한다. 전문어는 각 분야의 전문 직업인들이 쓰는 말이다.

오답 풀이

② 전문어는 세대가 아니라 직업 분야에 따라 다르게 쓰는 말이다.
③ 사는 지역이 달라 생겨난 말은 지역 방언이다.
④ 중국의 한자를 바탕으로 만들어진 말은 한자어이다.
⑤ 나라에서 공용으로 쓰기 위해 규범으로 정한 말은 표준어이다.

6 [보기]의 상황에서 서로의 말을 알아듣지 못한 이유는 지역에 따라 '부침개'를 다르게 말하기 때문이다. 이는 지역적 요인에 따라 말이 달라지는 지역 방언의 예라고 볼 수 있다.

유형 정복 2단계   103쪽

1 ②   **2** ⑤   **3** ③   **4** ⑤   **5** ③   **6** ⑤

1 추상적인 개념이나 전문 용어를 다루기에 적절한 것은 고유어가 아니라 한자어이다.

2 [보기]에 제시된 단어는 외래어이다. 외래어는 외국에서 들어왔지만 우리말처럼 사용되는 말이다. 외래어는 우리말 어휘를 풍부하게 한다는 장점이 있지만, 지나치게 사용하면 우리말의 정체성을 위협할 수 있기에 주의가 필요하다.

> **오답 풀이**

① 우리말에 원래 있던 말은 고유어이다.
② 중국의 한자를 바탕으로 만들어진 말은 한자어이다.
③ 안경(眼鏡), 치료(治療), 외교(外交)는 한자어이다.
④ 색깔, 맛, 모양, 소리와 같은 감각적인 표현이 발달한 것은 고유어이다.

3 [보기]에서 A는 은어, B는 전문어를 설명하고 있다. 각 개념이 바르게 연결된 것은 ③번이다.

4 [보기]는 고유어에 대한 설명이다. ⑤번의 '고양이, 깡충 깡충, 낭떠러지'는 모두 고유어에 해당한다.

> **오답 풀이**

① '기쁨, 마을'은 고유어, '탁자(卓子)'는 한자어이다.
② '볼펜(ball pen)'은 외래어, '숙제(宿題), 연필(鉛筆)'은 한자어이다.
③ '부모(父母), 입구(入口)'는 한자어, '초콜릿(chocolate)'은 외래어이다.
④ '소리'는 고유어, '아이스크림(ice cream), 인터넷(internet)'은 외래어이다.

5 [보기]의 대화에서 할아버지와 손녀의 소통이 잘 이루어지지 않은 까닭은 세대에 따라 말을 다르게 사용하기 때문이다.
'쩔다'는 더러운 게 묻거나 배어들었을 때 쓰는 말로 규범 표기는 '절다'이다. 십 대 청소년들은 이 말을 속된 말로 짐작이나 예상을 뛰어넘도록 좋거나 나쁠 때 쓴다.
손녀는 할아버지에게 받은 선물이 기대 이상으로 마음에 들어 '쩔어요'라고 말을 했는데, 할아버지는 선물에 더러운 것이 묻었다는 말로 알아듣고 당황해하며 되물었던 것이다.

6 가위를 가리키는 말이 지역별로 다른 것은 지역적 요인으로 말이 달라졌기 때문이다. 이를 지역 방언이라고 한다. 방송이나 책, 신문과 같이 다수의 사람들과 소통을 해야 할 때는 나라에서 규범으로 정한 표준어를 사용해야 한다. 한편, 의사들이 수술할 때 사용하는 가위는 종류와 쓰임새가 다양하여 '가위'가 아닌 다른 말을 사용하는데, 이를 굳이 '가위'라는 말로 통일해서 쓸 필요가 없다. 방언은 같은 집단이나 지역 사람들끼리 친밀감을 형성하고 효율적인 의사소통을 가능하게 할 수 있지만, 그 지역이나 집단 사람들이 아닐 경우 소통에 장애가 생겨 소외감을 줄 수 있으니 사용할 때 주의가 필요하다. 따라서 바르게 설명한 학생을 모두 고르면 영민, 희영, 진형이다.

1 ③   2 ①   3 ④   4 ④   5 ③   6 ①   7 ⑤

8 ③   9 ③   10 ④   11 ⑤   12 ③   13 ④   14 ⑤

15 ③   16 ⑤   17 ③   18 ③   19 ④   20 ③

---

1 **가**와 **나**는 시이다. 시는 마음속에 떠오르는 생각이나 느낌을 함축적인 말로 운율을 살려 표현하는 글이다.

> **오답 풀이**
> ① 정확하고 객관적인 정보를 다루는 글은 설명문이다.
> ② 영화나 드라마 상영을 목적으로 하는 글은 극이다.
> ④ 설득을 위해 분명한 주장과 타당한 근거를 밝히는 글은 논설문이다.
> ⑤ 상상을 바탕으로 만든 인물 간의 갈등이 두드러지는 글은 소설이다.

2 **가**의 화자는 봄의 경치를 보며 봄을 동경하는 마음을 노래하고 있다. **나**의 화자는 고양이의 모습을 통해 봄의 모습을 다채롭게 표현하고 있다.

3 ㉠은 부끄러움을 타는 색시의 발그스레한 볼이 떠오르므로 시각적 심상이 쓰였다. ④번도 '하이얀 모시 수건'에서 하얀 색의 수건이 눈에 그려지므로 시각적 심상이다.

> **오답 풀이**
> ① 미각적 심상(쓰디쓰다 = 맛 → 미각)
> ② 후각적 심상(매화 향기 = 냄새 → 후각)
> ③ 청각적 심상(닭 우는 소리 = 소리 → 청각)
> ⑤ 촉각적 심상(살포시 젖는 = 촉감 → 촉각)

4 ㉡은 직유법으로 '~같이'라는 연결어를 써서 고양이 털을 꽃가루에 직접 빗대어 표현하고 있다. '옥수숫대처럼 크게 닷 자 엿 자 자라게' 또한 '~처럼'이라는 연결어를 써서 옥수숫대에 비유 대상을 직접 빗대어 표현하고 있다.

> **오답 풀이**
> ① '길'을 반복하여 의미를 강조하는 반복법이 쓰였다.
> ③ '돌아서'를 반복하여 의미를 강조하는 반복법이 쓰였다.
> ⑤ 이치에 맞지 않는 내용 속에 진심을 담아 표현하는 역설법이 쓰였다.

5 이 글은 소설이다. 소설은 현실을 바탕으로 상상력을 발휘하여 꾸며 쓴 글이다.

> **오답 풀이**
> ① 일상의 경험을 통해 교훈을 전달하는 글은 수필이다.
> ② 해설, 대사, 지시문으로 이야기를 재현하는 글은 극이다.
> ④ 주장을 명확하게 밝혀 다른 사람을 설득하기 위해서 쓰는 글은 논설문이다.
> ⑤ 개인의 정서를 함축적이고 운율감이 느껴지는 언어로 표현한 글은 시이다.

6 **가**에서 문기는 수만이에게 돈을 쓰면 어떻게 되는지 물으며 머뭇거리는 모습을 보인다. 수만이는 아무 염려할 것이 없다면서 문기가 돈을 쓰도록 부추긴다.

> **오답 풀이**
> ② **다**에서 문기는 주인을 직접 만난 것이 아니라 집 안마당에 돈을 던지고 돌아온다.
> ③ **나**에서 삼촌은 문기의 말로 상황을 들었을 뿐 문기가 저지른 일에 대해 알지 못한다.
> ④ **바**에서 문기가 사람이 없는 곳을 찾아 다녔던 것은 친구들의 괴롭힘 때문이 아니라 거스름돈을 쓰고 숙모의 돈을 훔친 일로 죄책감이 들어서이다.
> ⑤ **라**에서 수만이는 문기가 혼자 돈을 다 쓰기 위해 거짓말한다고 생각해서 협박을 한 것이다.

7 **바**에서 선생님이 '정직'에 대해 수업을 한 것은 문기의 마음을 헤아려서가 아니라 공교롭게 수업의 주제와 문기의 상황과 들어맞은 것이다. 죄책감에 시달리고 있던 문기에게 선생님의 가르침이 마치 자신을 다그치는 것처럼 크게 와닿게 된다.

8 **마**에서 숙모는 붙장 안의 돈을 훔친 것이 점순이라고 생각하기에 문기와 숙모 사이에 외적 갈등은 발생하지 않았다.

9 이 글은 마라톤 경주를 보며 느낀 것을 자유롭게 쓴 수필이다. 수필은 형식이 자유롭고 누구나 쓸 수 있는 글로, 전문적인 지식을 바탕으로 쓸 필요는 없다.

10 ㉠의 뒤 문장에서 '지금 모든 환호와 영광은 우승자에게 있고 그는 환호 없이 달릴 수 있기에 위대해 보였다.'라고 표현한 것을 보면 꼴찌 주자들이 순위에 상관없이 인내하며 끝까지 달리는 모습에 감동한 것이라 볼 수 있다.

11 글쓴이는 마라톤 경주를 보며 등수에 연연하지 않고 묵묵히 최선을 다해 완주하는 선수들의 모습에 깊은 감명을 받았다. 따라서 ⑤번에서 꼴찌 주자의 행동을 거울삼아 낙오되지 않기 위해 어떤 노력을 할지 생각하는 것은 적절하지 않다.

12 독자가 이 글을 읽고 가장 크게 깨달은 것은 순위를 가리는 경기지만, 등수에 상관없이 혼신을 다해 끝까지 최선을 다하는 모습이 주는 위대함이다. ③번의 성진이가 이 글을 읽는다면 비록 피아노 콩쿠르에서 입상하지 못해 크게 실망했지만, 열심히 최선을 다해 연주한 것만으로도 충분히 가치 있음을 알고 큰 위로를 받았을 것이다.

13 〈A〉는 **나**에서 현관이 개인의 공간인 집 안과 사회의 공간인 집 밖을 연결하는 통로 역할을 한다는 내용으로 확

인할 수 있다.

〈B〉는 **다**에서 공간 활용과 행동 과학의 측면에서 방문이 안쪽으로 열리도록 만드는 이유를 설명한 내용으로 확인할 수 있다.

〈C〉는 **가**에서 건축을 할 때 문의 방향을 결정하는 요인으로 공간의 활용, 비상시의 대피, 행동 과학이 있다는 내용을 확인할 수 있다.

아파트에서 사고가 났을 때 대피하는 방법은 이 글에서 다루고 있지 않으므로 〈D〉의 질문에 대한 답을 찾을 수 없다.

따라서 이 글을 읽고 답을 찾을 수 있는 질문은 〈A〉, 〈B〉, 〈C〉이다.

14 ㉠은 구분을 활용하여 문을 여닫는 방법에 따라 나누어 설명하고 있다.

㉡은 대조를 활용하여 은행과 은행 이외의 건축물의 차이점을 중심으로 설명하고 있다.

'상어는 어류에 속하지만 고래는 포유류에 속한다.'는 ㉡과 동일하게 대조의 설명 방법이 쓰였다.

④ '지구의 기온이 높아지면 빙하가 녹는다.'는 인과의 설명 방법이 쓰인 문장이다.

15 **나**에서는 현관문이 바깥으로 열리는 이유를 설명하고 있다. 주택의 현관문은 실내 공간을 더 넓게 활용하기 위해서 바깥으로 열리는데 반해 아파트의 현관문은 여러 세대가 사는 공동 주택이다보니 재난이 발생할 때 대피가 수월하도록 피난 방향으로 열린다. ③번은 주택과 아파트의 내용을 반대로 요약하고 있으므로 적절하지 않다.

16 **라**에서는 모든 건축은 안전을 전제로 하며 은행도 마찬가지라고 설명하고 있다. 다만 은행은 돈이 오가는 곳이다보니 도난으로부터의 안전이 더 중시된다는 것에 차이가 있다. ⑤번에서 은행 문이 안쪽으로 열리는 이유가 안전보다 더 중요하게 여기는 요인이 있다고 보는 것은 적절하지 않다.

17 [보기]의 ㉠은 언어의 사회성, ㉡은 언어의 창조성에 대한 설명이다.

18 [보기]의 밑줄 친 '나'는 사람이나 사물의 이름을 대신 나타내는 대명사이다.

① 수사에 대한 설명이다.
② 동사에 대한 설명이다.
④ 형용사에 대한 설명이다.
⑤ 조사에 대한 설명이다.

19 ④번의 '세 사람'의 '세'는 '사람'을 꾸며 주는 말로 관형사이다. 수사는 '하나, 둘, 셋, 넷'과 같이 세는 반면, 수를 나타내는 관형사는 '한, 두, 세, 네'와 같이 나타낸다.

20 [보기]에 등장하는 단어를 고유어, 한자어, 외래어로 나누면 '병아리, 소쿠리, 풀잎, 고양이'는 고유어, '사진(寫眞), 식구(食口), 언어(言語), 요리(料理), 필통(筆筒), 휴가(休暇)'는 한자어, '빵, 발레, 컴퓨터, 로봇, 텔레비전'은 외래어이다. 각 단어를 어휘의 체계에 따라 분류할 때 적절하지 않은 것은 ③번이다. '언어'는 고유어가 아니라 한자어이다.

1	⑤	2	⑤	3	④	4	④	5	⑤	6	③	7	②
8	④	9	④	10	②	11	④	12	①	13	①	14	①
15	④	16	②	17	③	18	⑤	19	⑤	20	②		

1 **가**는 윤선도가 지은 시조 〈오우가〉로 자연물에 인격을 부여하여 그들을 예찬하는 작품이다. **나**는 윤동주의 〈새로운 길〉로 언제나 새로운 인생의 길을 걸어 나아가려는 의지를 담은 작품이다. 두 작품이 가진 공통점은 표현하려는 대상을 드러내지 않고 구체적인 사물로 대신 나타내는 상징법을 사용했다는 것이다. **가**는 지조와 절개, 맑고 영원함과 같은 추상적인 개념을 '소나무나 바위'와 같은 자연물로, **나**는 사람이라면 누구나 살아가야 하는 인생을 '길'로 대신 표현하고 있다.

> **오답 풀이**
> ① 처음과 끝을 같게 하여 의미를 강조하는 기법은 수미상관이라고 하며 **나**에서만 볼 수 있다.
> ② 3장 6구 45자 내외의 기본 형식을 가지고 있는 것은 시조인 **가**에만 해당한다.
> ③ 자연물에 인격을 부여하는 표현 방법은 의인법으로 **가**에만 해당한다.
> ④ **가**, **나** 모두 해당하지 않는다.

2 [보기]는 님을 향한 변치 않는 마음을 전하는 시조이다. 이는 '님 향한 일편단심이야 가실 줄이 있으랴'라는 구절에서 드러나는데 일편단심(一片丹心)은 어떤 대상을 향해 품는 변치 않는 마음을 이르는 말이다. [보기]의 시에서 전하는 주제와 같은 의미를 담고 있는 시어를 **가**에서 찾으면 3수에 등장하는 바위이다. **가**의 화자는 쉽게 변해 버리는 꽃이나 풀과 달리 바위는 변치 않는 속성을 지니고 있다며 이를 예찬하고 있다.

3 **나**의 운율을 형성하는 요소로 단어와 문장 구조의 반복, 수미상관 등을 들 수 있다.

> • 비슷한 시구의 반복:
>   어제도 가고 오늘도 갈 / 나의 길, 새로운 길
> • 비슷한 문장 구조 반복: ~를, ~서, ~로, ~고
>   내를 건너서 숲으로 / 고개를 넘어서 마을로
>   민들레가 피고 까치가 날고 / 아가씨가 지나고 바람이 일고
> • 수미상관: 1연과 5연의 반복
>   내를 건너서 숲으로 / 고개를 넘어서 마을로(1, 5연 동일)

> **오답 풀이**
> ① 한 행을 4음보로 끊어 읽을 수 있는 것은 **가**이다.
> ② **나**에서는 의성어와 의태어가 쓰이지 않았다.
> ③ 울림소리(ㄴ, ㄹ, ㅁ, ㅇ)가 들어가는 시어를 다양하게 활용하지 않았다.

⑤ **나**의 각 행의 글자 수는 같지 않다.

4 ㉣의 길은 화자가 살아갈 인생, 삶을 상징한다.

> **오답 풀이**
> ① ㉠의 '구름'은 '물'과 대조적인 의미로 순간적인 것을 상징한다.
> ② ㉡의 '물'은 깨끗하면서도 영원한 속성을 지닌 존재를 상징한다.
> ③ ㉢의 '꽃'은 쉽게 변하는 것을 상징한다.
> ⑤ ㉤의 '아가씨'는 살면서 만나게 되는 희망적인 존재를 상징한다.

5 이 글은 전지적 작가 시점(3인칭 전지적 시점)으로 소설 밖의 서술자가 신과 같은 위치에서 인물의 속마음까지 모두 들여다보며 서술한다.

> **오답 풀이**
> ①, ②, ③ 소설의 서술자는 소설 바깥에 존재한다.
> ④ 소설 밖의 서술자가 겉으로 보이는 등장인물의 행동을 객관적으로 서술하는 것은 3인칭 관찰자 시점(작가 관찰자 시점)에 해당하는데, 이 소설은 소설 밖의 서술자가 인물의 행동은 물론 속마음까지 모두 들여다보며 서술하는 전지적 작가 시점이다. 일례로 '시백은 지난날 박절하게 대한 것을 부끄러워하며 다시 바깥채로 나와~'의 구절을 보면 서술자는 시백의 행동에 담긴 의도까지 꿰뚫어 보며 서술하고 있다는 것을 알 수 있다.

6 김자점은 태평한 시기에 전쟁이 일어날 리가 없다며 왕의 전쟁 준비를 가로막고 이 말을 전한 박씨 부인을 엄벌에 처해야 한다고 말했다.

7 [A]는 소설 밖의 서술자가 신과 같은 위치에서 인물의 속마음까지 모두 들여다보며 서술하는 전지적 작가 시점이다. [보기]는 소설 속 등장인물인 '시백'이 자신의 이야기를 서술하는 1인칭 주인공 시점이다. 따라서 [보기]에서 '나'는 시백이다.

> **오답 풀이**
> ① [A]의 서술자는 등장인물인 계화가 아니라 소설 밖에 존재하는 서술자이다.
> ③ [A]는 전지적 작가 시점으로, 박씨의 속마음뿐만 아니라 등장인물 모두의 속마음을 들여다보며 서술한다.
> ④ [보기]의 서술자는 소설 속에 등장하는 시백이다.
> ⑤ [보기]는 서술자가 시백이므로 시백의 속마음을 잘 알 수 있다.

8 ㉣의 '풍년'은 특정 시대에만 등장하는 것이 아니므로 당시의 사회·문화적 배경을 알 수 있는 소재로 적절하지 않다.

9 **나**는 희곡으로 무대 상연을 목적으로 하는 연극의 대본이다. 작가가 직접 체험한 일을 바탕으로 교훈을 전달하는 글은 수필이다.

10 시나리오는 영화나 드라마 상영을 목적으로 하는 글이

다. 촬영과 편집이 이루어지기 때문에 연극에 비해 시간, 공간, 등장인물 수에 제약이 적으며 관객 앞에서 장면을 연출하지 않기 때문에 관객의 안전을 위한 장비를 준비할 필요가 없다.

11 이 희곡의 주제는 남북 분단의 현실과 극복 의지이다. 그러므로 빈칸에 들어갈 말로 적절한 것은 '통일'이다.

12 ⓒ의 '불빛'은 형이 동생을 향해 비추는 것으로 동생의 의심과 불안감을 고조시키는 소재이다.

13 ㉠에서 관광 산업을 '굴뚝 없는 공장'이라고 빗댄 근거는 **나**의 첫 문장에 '관광 산업은 공장을 짓지 않고도 외화를 벌어들일 수 있다'는 구절에서 찾아 볼 수 있다.

14 **라**는 비행기가 환경에 얼마나 심각한 영향을 끼치고 있는지 설명하고 있다. 그러므로 ⓒ에는 '여행자를 태우는 비행기가 문제가 되고 있다.'는 내용이 들어가는 것이 가장 적절하다.

15 글 전체 흐름을 고려할 때 **다**, **라**는 관광 산업의 성장으로 현지인들이 겪고 있는 고통과 관광 산업으로 발생하는 환경 오염의 심각성에 대해 다루고 있다. **마**는 이와 같은 문제의 해결 방안으로 '공정 여행'을 제안하고 있다. 정리하면 문제 상황이 **다**, **라**이고, 해결 방안이 **마**라고 볼 수 있다.

16 **마**에 제시한 '공정 여행'은 여행지를 터전으로 살아가는 사람들과 그곳의 환경을 생각하는 여행으로, 환경 파괴를 최소한으로 줄이고 여행지에서 쓴 돈이 현지인들에게 돌아가도록 하는 것이다. 일본에서 돈을 벌고 우리나라에서 여행을 하는 연우의 실천 방법은 글쓴이가 제시한 공정 여행에 들어맞지 않는다.

17 ㉠은 개가 짖는 소리를 나라마다 다르게 표현한다는 내용으로 언어의 형식과 내용은 필연적인 관계가 아니라는 언어의 자의성을 보여 주는 예이다. ⓒ은 과거에 '곶'으로 불렸던 말이 '꽃'으로 바뀌었다는 내용으로 시간의 흐름에 따라 언어가 변할 수 있다는 언어의 역사성을 보여 주는 예이다.

18 [보기]에서 설명하는 품사는 관형사로 문장에서 다른 말을 꾸며 주는 말이다. 주로 체언 앞에서 그 말을 꾸며 준다. ⑤번의 '어느'는 '누구'라는 체언 앞에서 그 말을 꾸며 주는 관형사이다.

오답 풀이
① '헛디뎌'는 동사이며, 기본형은 '헛디디다'이다.
② '붉게'는 형용사이며, 기본형은 '붉다'이다.

③ '그곳'은 대명사이다.
④ '급히'는 부사이다.

19 '선물했다'는 형용사가 아니라 동사이다.

20 ⓒ: 지역마다 사용하는 특색 있는 말로 비공식적인 상황에서 쓰는 말은 방언이다. 표준어는 한 나라에서 공용으로 쓰기 위해 규범으로 정한 말로 공식적인 상황에서 다수의 사람들과 소통을 할 때 사용한다.
ⓑ: 같은 지역이나 집단 사람끼리 방언을 사용하면 친밀감이 형성되지만, 그 지역이나 집단의 사람이 아닐 경우 알아듣지 못해 소통이 장애가 생기고 소외감을 줄 수 있다.